INGLÉS AL MINUTO
30a. edición: agosto 2022
D.R. © 2014, TRIALTEA USA

De la presente edición:
© 2021, Penguin Random House Grupo Editorial USA, LLC
8950 SW 74th Court, Suite 2010
Miami, FL 33156

Diseño de cubierta: Melisa Chiavetto
Diseño de interiores: Marina García
Fotografías de cubierta: © Dreamstime.com

Impreso en México / *Printed in Mexico*

ISBN: 978-1-622636-42-6

INGLÉS
AL MINUTO

https://iam.inglesen100dias.com/

Este curso en formato **LibroWEB** con **Curso Online**
te ofrece un novedoso sistema de aprendizaje:

1) el **libro** con los textos del programa de estudios y

2) el **curso online** compañero en la **web** con
los contenidos audiovisuales e interactivos: audios,
videos, ejercicios y actividades en línea.

No estudiarás solo: nuestros maestros
te acompañarán respondiendo todas tus consultas
y guiándote a lo largo del curso.

ÍNDICE DE CONTENIDOS

ÍNDICE

ÍNDICE

ÍNDICE

ÍNDICE

ÍNDICE

ÍNDICE

https://iam.inglesen100dias.com/

ÍNDICE

ÍNDICE

ÍNDICE

https://iam.inglesen100dias.com/

ÍNDICE

UNIDADES

¡Escucha y practica los audios en la web del curso!

UNIDAD 001

¿CÓMO ESTÁS?

Aprendamos algunas maneras de preguntar cómo estás:

¿Cómo está usted?
How are you?

Y cuando te preguntes a ti, respondes:

¿Cómo estás?
How are you doing?

Bien, gracias.
Fine, thank you.

¿Cómo va todo?
How is it going?

Muy bien, gracias.
Very well, thank you.

¿Cómo están las cosas?
How are things going?

¿Qué tal?
What's up?

UNIDAD 002

EXPRESIONES DE CORTESÍA

Aprendamos algunas expresiones de cortesía:

¡Bienvenido!
Welcome!

Más despacio
More slowly

¿Cómo está? / ¿Cómo estás?
How are you doing?

Lo siento / **I'm sorry**

Por favor / **Please**

¡Cuídate! / **Take care!**

¡Sírvete!
Help yourself!

Disculpe / **Excuse me**

¡Pase! ¡Adelante!
Go ahead!

¿Podría repetir?
Could you repeat?

¡Siéntese!
Sit down!

Después de usted
After you

No comprendo
I don't understand

¡Escucha y practica los audios en la web del curso!

UNIDAD 003

FORMAS DE PRESENTARSE

Cuando te presentas, dices:

Hola, soy...
Hello, I am...

Hola, soy Terry
Hello, I'm Terry

Hola, mi nombre es Alex
Hello, my name is Alex

Cuando presentas a alguien, dices:

Te presento a Sam
This is Sam

Te presento a mi hermano
This is my brother

Y responderás diciendo, por ejemplo:

Encantada
Nice to meet you

Encantada de conocerlo a usted también
Nice to meet you, too

¡Escucha y practica los audios en la web del curso!

UNIDAD 004

FORMAS DE DIRIGIRSE A UNA PERSONA

Para dirigirnos a alguien <u>formalmente</u> usamos los siguientes títulos, seguidos del apellido de la persona:

Por ejemplo:

Buenos días, señor Smith.
Good morning, Mr. Smith.

Señor
Mister (Mr.)

Señora
Mistress (Mrs.)

Buenas tardes, señora Adams.
Good afternoon, Mrs. Adams.

Señorita
Miss (Ms.)

Buenas noches, señorita Williams.
Good evening, Ms. Williams.

¡Escucha y practica los audios en la web del curso!

UNIDAD 005

SALUDOS

Aprendamos las partes del día:

Mañana
Morning

Al principio
de la tarde
Afternoon

Final de la tarde
Evening

Cuando saludamos, decimos:

¡Buenos días!
Good morning!

¡Buenas tardes!
Good afternoon!

¡Buenas tardes! /
¡Buenas noches!
Good evening!

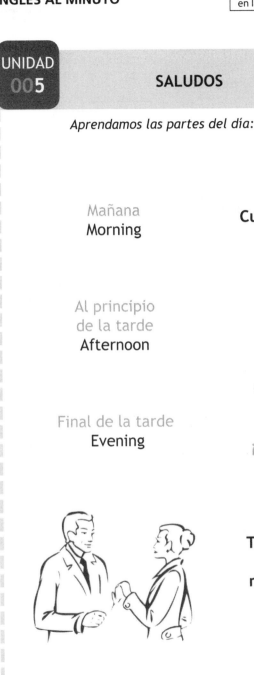

También podemos saludar de una manera informal, diciendo:

¡Hola! / **Hello!**

UNIDAD 006 — DESPEDIDAS

Para despedirnos, podemos decir:

Hasta luego
See you later

Hasta mañana
See you tomorrow

Nos vemos pronto
See you soon

Adiós / **Goodbye**

Chao / **Bye**

¡Buenas noches!
Good night!

Chao, chao / **Bye, bye**

UNIDAD 007 — FRASES COMUNES AL DESPEDIRSE

Cuando te despides de alguien puedes decir:

¡Que tengas un buen día!
Have a nice day!

¡Que tengas un buen viaje!
Have a good trip!

¡Espero verte pronto!
I hope to see you soon!

¡Que tengas un buen fin de semana!
Have a nice weekend!

¡Te extrañaremos!
We'll miss you!

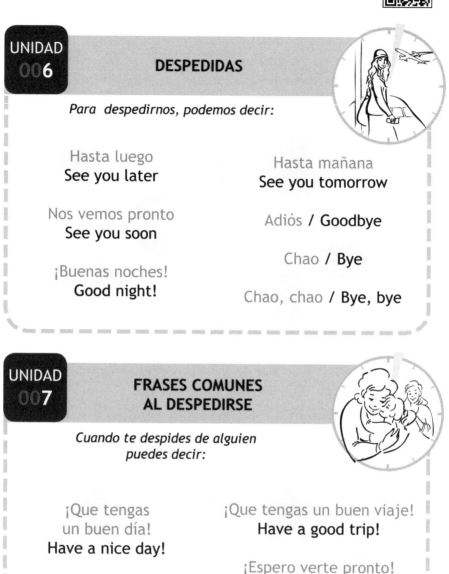

UNIDAD 008

LAS LEYES ANTIDISCRIMINATORIAS

Las leyes que prohíben la discriminación en el trabajo se llaman leyes de igualdad de oportunidades de empleo.

En Estados Unidos es ilegal hacer cualquier tipo de discriminación, sea por sexo, raza, religión o edad. Si una persona es discriminada por raza, sexo, religión o edad, debe denunciarlo a las autoridades.

Además, es conveniente consultar con un abogado antes de iniciar algún proceso legal en Estados Unidos.

UNIDAD 009

CONJUNCIONES

Por ejemplo:

Las conjunciones son palabras que usamos para unir dos o más ideas en una frase.

Jean y Paul están aquí
Jean and Paul are here

¿Eres Mary o Rosa?
Are you Mary or Rose?

Aprendamos las conjunciones:

Y
And

Ella no es bonita, pero es inteligente
She is not pretty, but she is intelligent

Or
O

Pero
But

https://iam.inglesen100dias.com/

¡Escucha y practica los audios en la web del curso!

UNIDAD
0**10**

EL ALFABETO

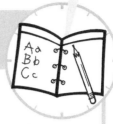

En inglés es muy frecuente tener que deletrear una palabra. Esta guía te será muy útil:

a. apple

b. banana

c. Charlie

d. David

e. elephant

f. Frank

g. George

h. Harry

i. Italy

j. junior

k. kilo

l. Luis

m. money

n. Nancy

o. Oscar

p. pineapple

q. question

r. Raymond

s. sun

t. Tom

u. united

v. Victor

w. window

x. X-ray

y. yoyo

z. zebra

UNIDAD 011

EL ARTÍCULO DEFINIDO THE

Los artículos definidos el, la, los, las, en inglés se dicen:

El mar.
The ocean.

La Tierra.
The Earth.

The

Los Estados Unidos.
The United States.

Las estrellas.
The stars.

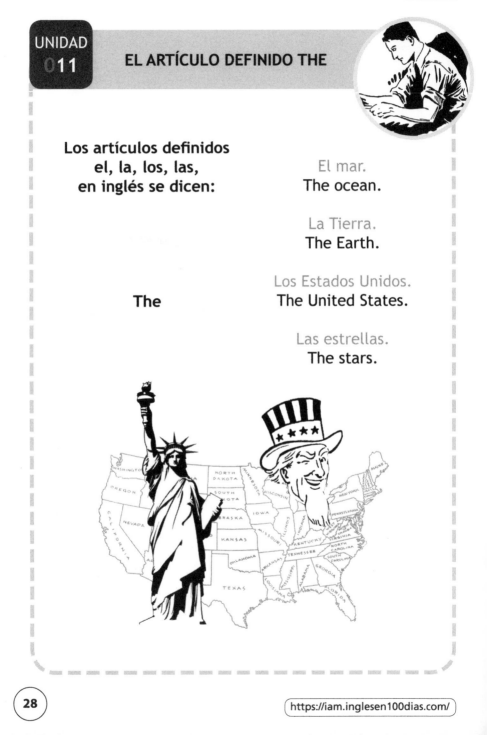

UNIDAD 012

LOS ARTÍCULOS INDEFINIDOS A, SOME

Los artículos indefinidos un, una, unos, unas, en inglés se dicen:

Cuando el artículo un / una está antes de una palabra que empieza con vocal en inglés, decimos:

Un / una
A

Unos / unas
Some

An

Por ejemplo:

Un amigo.
A friend.

Una flor.
A flower.

Unos amigos.
Some friends.

Unas flores.
Some flowers.

Por ejemplo:

Una manzana.
An apple.

Un elefante.
An elephant.

UNIDAD 013

SUSTANTIVOS

Los sustantivos son las palabras con las que indicamos nombres de personas, animales o cosas.

Por ejemplo:

Día / **Day**

Noche / **Night**

Hombre / **Man**

Mujer / **Woman**

Familia / **Family**

Gente / **People**

Estados Unidos
United States

Navidad
Christmas

Salud
Health

Perro / **Dog**

Gato / **Cat**

Cepillo / **Brush**

Teléfono
Telephone

UNIDAD 014

SUSTANTIVOS CONTABLES

Los sustantivos contables son aquellos que se pueden contar.

Algunos sustantivos siempre están en forma plural

Por ejemplo:

Una taza
One cup

Por ejemplo:

Tijera / **Scissors**

Cinco tazas
Five cups

Anteojos / **Glasses**

Pantalón / **Pants**

Un problema
One problem

Dos problemas
Two problems

¡Escucha y practica los audios en la web del curso!

UNIDAD 015

SUSTANTIVOS INCONTABLES

Los sustantivos incontables son aquellos que no se pueden contar.

Música /Music   Clima /Weather

Pueden nombrar materiales sólidos, líquidos y gaseosos:

Sólidos	Líquidos	Gaseosos
Queso	Agua	Aire
Cheese	**Water**	**Air**
Madera	Vino	Humo
Wood	**Wine**	**Smoke**

Para expresar cantidad, puedes decir:

Cinco tazas de azúcar
Five cups of sugar

UNIDAD 016

LA BANDERA AMERICANA

La bandera americana tiene su significado.
Las 13 barras representan las 13 colonias
originales del territorio americano antes
de la independencia de los ingleses, en 1776.
Las 50 estrellas sobre el cuadrado azul
representan los 50 estados que forman los
Estados Unidos en la actualidad.

UNIDAD 017

LOS NÚMEROS DEL 0 AL 10

Aprendamos los números del 0 al 10.

Cero
Zero

Cinco
Five

Ocho
Eight

Uno
One

Seis
Six

Nueve
Nine

Dos
Two

Siete
Seven

Diez
Ten

Tres
Three

Cuatro
Four

UNIDAD 018

LOS NÚMEROS DEL 11 AL 20

Aprendamos los números del 11 al 20.

Once
Eleven

Diecisiete
Seventeen

Doce
Twelve

Dieciocho
Eighteen

Trece
Thirteen

Diecinueve
Nineteen

Catorce
Fourteen

Veinte
Twenty

Quince
Fifteen

Dieciséis
Sixteen

¡Escucha y practica los audios en la web del curso!

UNIDAD 019

LA HORA

Para preguntar la hora, dices:

¿Qué hora es?
What time is it?

Para dar la hora, usas el pronombre it y dices:

Son las
It is

Son las cinco
It's five o'clock

Son las dos
It's two o'clock

Aprendamos las siguientes palabras y frases relacionadas con la hora.

Y cuarto
A quarter after

Y media
Half past

Un cuarto para las
A quarter to

https://iam.inglesen100dias.com/

UNIDAD 020

LA HORA (EJEMPLOS)

Practiquemos las siguientes frases relacionadas con la hora:

Son las ocho y cuarto	It's a quarter after eight
Son las ocho y quince	It's eight fifteen
Son las seis y treinta	It's six thirty
Son las seis y media	It's half past six
Es mediodía	It's noon
Es media noche	It's midnight
Son las once y cuarenta y cinco	It's eleven forty-five
Son las doce menos cuarto	It's a quarter to twelve

UNIDAD 021

LOS DÍAS DE LA SEMANA

Aprendamos los días de la semana:

Lunes	Monday	
Martes	Tuesday	
Miércoles	Wednesday	
Jueves	Thursday	
Viernes	Friday	
Sábado	Saturday	
Domingo	Sunday	

Practiquemos con los siguientes ejemplos:

El lunes voy al supermercado
On Monday, I go to the supermarket

Los sábados juego tenis
On Satudays, I play tennis

UNIDAD 022

LOS MESES DEL AÑO

Aprendamos los meses del año:

Mayo
May

Junio
June

Julio
July

Enero
January

Febrero
February

Marzo
March

Abril
April

Agosto
August

Septiembre
September

Octubre
October

Noviembre
November

Diciembre
December

¡Escucha y practica los audios en la web del curso!

UNIDAD 023

LAS ESTACIONES

Aprendamos las estaciones:

Primavera
Spring

Verano
Summer

Otoño
Fall

Invierno
Winter

Practiquemos con los siguientes ejemplos:

La primavera empieza en marzo
Spring begins in March

Hace frío en invierno
It's cold in winter

El verano termina en septiembre
Summer ends in September

¡Escucha y practica los audios en la web del curso!

UNIDAD 024

PRONOMBRES

Los pronombres son las palabras que reemplazan a los nombres.

Por ejemplo:

«George y yo»
se puede reemplazar
diciendo:

Yo, tú
I, you

Nosotros
We

«Paul» se puede
reemplazar diciendo:

«Tú y Charlie» se puede
reemplazar diciendo:

Él
He

Ustedes
You (plural)

«Magaly y Joe» se puede
reemplazar diciendo:

Ellos
They

UNIDAD 025

PRONOMBRES PERSONALES

Los pronombres personales son aquellos que reemplazan a los sujetos. Pueden ser personas, animales o cosas.

Aprendamos los pronombres personales:

Yo · I

Tú o usted
You

Él · He

Ella · She

(Para animales o cosas)
It

Nosotros · We

Ustedes · You

Ellos o ellas · They

Por ejemplo:

Yo soy Carol.
I am Carol.

Nosotros somos amigos.
We are friends.

Ellos son buenos.
They are good.

UNIDAD 026

PRONOMBRES DEMOSTRATIVOS

Los pronombres demostrativos son las palabras que reemplazan a un sustantivo e indican la distancia con respecto del sujeto que habla.

Los pronombres demostrativos son:

Éste / Ésta. **This**

Ése / Ésa. **That**

Éstos / Éstas. **These**

Ésos / Ésas. **Those**

Por ejemplo:

Éste es mi perro.
This is my dog.

Ésa es una silla.
That is a chair.

UNIDAD 0 27

PRONOMBRES POSESIVOS

Los pronombres posesivos son aquellos que reemplazan a un sustantivo e indican pertenencia o propiedad.

Aprendamos los pronombres posesivos:

Mío / Mine

Tuyo / Yours

Suyo (de él, de ella) / His, Hers.

Nuestro / Ours

Suyo (de ustedes) / Yours

Suyo (de ellos) / Theirs

Por ejemplo:

La mesa es mía.

The table is mine.

Los libros son tuyos.

The books are yours.

El auto es suyo (de él).

The car is his.

UNIDAD 028

PRONOMBRES DE OBJETO

Los pronombres de objeto reemplazan a una palabra que funciona como objeto.

Aprendamos los pronombres de objeto:

Me (a mí)
Me

Lo o La (para animales o cosas) **It**

Te (a ti)
You

Nos (a nosotros)
Us

Lo (a él)
Him

Los (a ustedes)
You

La (a ella)
Her

Los (a ellos o a ellas)
Them

Por ejemplo:

Tú me amas (a mí).
You love me.

Yo te amo (a ti).
I love you.

Ella lo ama (a él).
She loves him.

UNIDAD 029

PRONOMBRES REFLEXIVOS

Los pronombres reflexivos son aquellos que indican que una acción determinada recae en la misma persona.

Aprendamos los pronombres reflexivos:

Me · Myself

Te / Se · Yourself

Se (masculino) · Himself

Se (femenino) · Herself

Se (para animales o cosas) · Itself

Nos · Ourselves

Se (para ustedes) Yourselves

Se (para ellos) Themselves

Por ejemplo:

Me corté · I cut myself

46

UNIDAD 030

EXPRESIONES Y FRASES

Aprendamos algunas expresiones generales:

¡No te preocupes!
Don't worry!

¡Buena suerte!
Good luck!

¡Buena idea!
Good idea!

¡Fantástico!
Great!

¡Santo cielo!
Holy smoke!

¡Apúrate!
Hurry up!

¡Trato hecho!
It´s a deal!

¡Por supuesto!
Of course!

Por ejemplo
For example

Aquí tienes
Here you are

Estoy de acuerdo
I agree

No lo sé
I don´t know

Déjame pensar
Let me think

UNIDAD 031

VERBOS

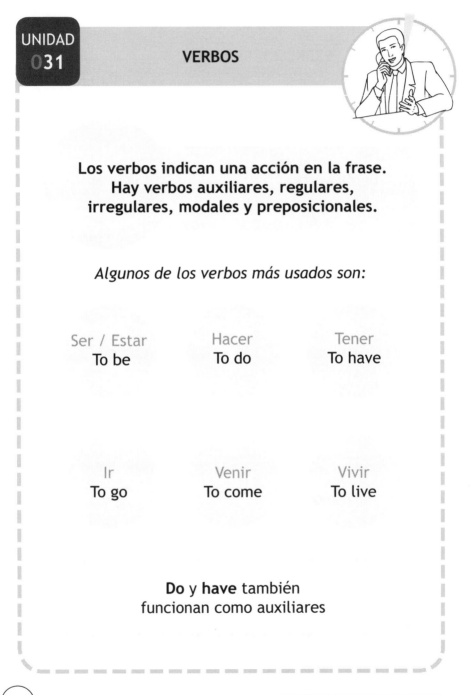

Los verbos indican una acción en la frase.
Hay verbos auxiliares, regulares,
irregulares, modales y preposicionales.

Algunos de los verbos más usados son:

Ser / Estar	Hacer	Tener
To be	**To do**	**To have**

Ir	Venir	Vivir
To go	**To come**	**To live**

Do y **have** también
funcionan como auxiliares

UNIDAD 032

EL PRESENTE SIMPLE

Para conjugar verbos en presente simple, les quitamos la palabra **to** que va adelante:

Trabajar
To work

Yo trabajo
I work

Cuando los verbos van después de **he**, **she**, **it**, les agregamos la terminación –**s** o -**es**:

Él trabaja
He works

Ella va
She goes

Él hace
He does

A algunos verbos se les cambia la **y** por **i**, antes de agregarles la **s** final:

Estudiar
To study

Él estudia
He studies

UNIDAD 033 — EL VERBO SER

*Aprendamos el verbo **to be** con el significado **ser**:*

Yo soy · I am. I'm.

Tú eres o usted es
You are. You're

Él es · He is. He's

Ella es · She is. She's

(Para animales o cosas) es
It is. It's

Nosotros somos
We are. We're

Ustedes son
You are. You're

Ellos / Ellas son
They are. They're

UNIDAD 034 — EL VERBO SER (AFIRMATIVO)

*Practiquemos frases afirmativas con el verbo **to be** (ser):*

Yo soy americano
I am American

Tú eres muy amable
You are very nice

Él es profesor
He is a teacher

Ella es bonita
She is pretty

(Para animales o cosas)
Es bueno. It is good

Nosotros somos estudiantes
We are students

Ustedes son amigos
You are friends

Ellos son canadienses
They are Canadians

UNIDAD 035

EL VERBO SER (NEGATIVO)

*Para formar una frase negativa con el verbo **to be** (ser) agregamos la palabra **not** después del verbo y decimos:*

I am not · **I'm not**

He is not · **He isn't**

They are not · **They aren't**

Por ejemplo:

Yo no soy profesor
I'm not a teacher

Ella no es mexicana
She isn't Mexican

Ustedes no son abogados
You aren't lawyers

UNIDAD 036

EL VERBO SER (PREGUNTAS)

*Para preguntar, colocamos el verbo **to be** al inicio de la frase:*
Por ejemplo:

¿Es usted el dueño?
Are you the owner?

¿Es él americano?
Is he American?

¿Es un buen hotel?
Is it a good hotel?

¿Somos colegas?
Are we coworkers?

¿Son ustedes compañeros de trabajo?
Are you coworkers?

¿Son ellos maestros?
Are they teachers?

UNIDAD 037 — EL VERBO ESTAR

*Aprendamos el verbo **to be** con el significado **estar**:*

Yo estoy · I am. I'm

Tú estás o usted está
You are. You're

Él está · He is. He's

Ella está · She is. She's

(Para animales o cosas)
It is. It's.

Nosotros estamos
We are. We're

Ustedes están
You are. You're

UNIDAD 038 — EL VERBO ESTAR (AFIRMATIVO)

*Practiquemos el verbo **to be** (estar) en afirmativo:*

Yo estoy en Las Vegas
I am in Las Vegas

Tú estás en Nueva York
You are in New York

Él está en Michigan
He is in Michigan

Nosotros estamos en Londres
We are in London

Ustedes están en Kentucky
You are in Kentucky

Ellos están en Boston
They are in Boston

UNIDAD 039

EL VERBO ESTAR (NEGATIVO)

*Para formar una frase negativa con el verbo **to be** (estar), agregamos la palabra **not** después del verbo:*

I am not
I'm not.

She is not
She isn't.

They are not
They aren't.

Por ejemplo:

Yo no estoy aquí.
I'm not here.

Él no está en su departamento.
He isn't in his apartment.

Nosotros no estamos listos.
We aren't ready.

UNIDAD 040

EL VERBO ESTAR (PREGUNTAS)

*Para preguntar, usando el verbo **to be**, colocamos el verbo al delante del sujeto:*

¿Está usted escuchando?
Are you listening?

¿Está él en su casa?
Is he at home?

¿Está ella en la oficina?
Is she in the office?

¿Estamos trabajando?
Are we working?

¿Están ustedes allí?
Are you there?

¿Están ellos en el hospital?
Are they in the hospital?

UNIDAD 041

RESPUESTAS CORTAS CON EL VERBO SER / ESTAR

Para responder en inglés, podemos usar maneras de responder más rápidas, las cuales se llaman respuestas cortas.

Aprendamos a formar respuestas cortas con el verbo **to be** (ser / estar).

Empezamos diciendo Yes o No.

Luego, usamos un pronombre personal, seguido del verbo to be en afirmativo o negativo.

Por ejemplo:

Sí, lo soy / lo estoy
Yes, I am

No, ella no lo es / está
No, she isn't

Sí, lo somos / estamos
Yes, we are

UNIDAD 042

RESPUESTAS CORTAS CON EL VERBO SER / ESTAR (EJEMPLOS)

*Practiquemos algunas respuestas cortas con el verbo **to be** (ser / estar):*

¿Es ella brasileña?
Is she Brazilian?

Sí, lo es · **Yes, she is**

¿Somos primos?
Are we cousins?

No, no lo somos.
No, we aren't.

¿Estás en la oficina?
Are you in the office?

Sí, lo estoy · **Yes, I am.**

¿Eres peruano?
Are you Peruvian?

Sí, lo soy · **Yes, I am.**

UNIDAD 043

LOS FERIADOS

Los feriados más importantes en Estados Unidos son:

1 de enero
Año Nuevo

Segundo lunes de octubre
Día de Cristóbal Colón

11 de noviembre
Día de los Veteranos de Guerra

Cuarto jueves de noviembre
Día de Acción de Gracias

Tercer lunes de enero
Día de Martin Luther King

Tercer lunes de febrero
Día de los Presidentes

Cuarto lunes de mayo
Memorial Day

4 de julio
Día de la Independencia

Primer lunes de septiembre
Día del Trabajo

25 de diciembre
Navidad

UNIDAD 044

COMENTARIOS SOBRE EL ASPECTO FÍSICO (NUESTROS ERRORES MÁS FRECUENTES)

Para llevar una buena relación con los estadounidenses hay que tener mucho cuidado en cómo uno se dirige hacia ellos.

Nunca se debe comentar aspectos físicos de las personas, como si es alta o baja, o si está con exceso o falta de peso.

Ellos se preocupan mucho por su apariencia y cualquier referencia a ella se considera de muy mala educación.

UNIDAD 045

LOS PAÍSES

Aprendamos a decir los nombres de los siguientes países en inglés:

Japón
Japan

Alemania
Germany

China
China

Polonia
Poland

Arabia Saudita
Saudi Arabia

Rusia
Russia

España
Spain

Estados Unidos
United States

Argentina
Argentina

Francia
France

Australia
Australia

Holanda
Netherlands

Brasil
Brazil

Inglaterra
England

Sudáfrica
South Africa

Bélgica
Belgium

Italia
Italy

Turquía
Turkey

¡Escucha y practica los audios en la web del curso!

UNIDAD 046

LAS NACIONALIDADES

Aprendamos las siguientes nacionalidades:

Alemán	Canadiense	Griego
German	**Canadian**	**Greek**

Americano	Chino	Israelí
American	**Chinese**	**Israeli**

Argentino	Colombiano	Japonés
Argentinian	**Colombian**	**Japanese**

Australiano	Español	Mexicano
Australian	**Spanish**	**Mexican**

Brasileño	Francés	Peruano
Brazilian	**French**	**Peruvian**

Británico		Venezolano
British		**Venezuelan**

https://iam.inglesen100dias.com/

UNIDAD 047 — LOS IDIOMAS

Aprendamos a decir algunos idiomas:

Alemán
German

Griego
Greek

Holandés
Dutch

Portugués
Portuguese

Japonés
Japanese

Italiano
Italian

Inglés
English

Polaco
Polish

Chino
Chinese

Español
Spanish

Ruso
Russian

Francés
French

Arabe
Arabic

Hebreo
Hebrew

UNIDAD 048

EL PLURAL S, ES

Para formar el plural de algunas palabras, agregamos la letra **s** al final:

Cuando la palabra termina en **sh, ch, ss,** o **x**, le agregamos **es** al final:

One flower
Six flowers

A dish · **Five dishes**

A friend
Two friends

A match · **Three matches**

A class · **Two classes**

UNIDAD 049

EL PLURAL DE PALABRAS QUE TERMINAN EN -Y

Cuando una palabra termina en **y**, después de una consonante, reemplazamos la **y** por **ies:**

Cuando una palabra termina en **y**, teniendo una vocal delante, solo le agregamos una **s** al final:

A city
Two cities

A day · **Seven days**

A lady
Three ladies

A boy · **Five boys**

UNIDAD 050 — EL PLURAL IRREGULAR

*Algunas palabras cambian su forma en inglés
cuando las decimos en plural.* Por ejemplo:

A leaf · Ten leaves
A wife · Six wives
A man · Three men
A woman · Two women
A child · Seven children
A person · Two people
A foot · Four feet
A mouse · Seven mice

**También hay
palabras que
no cambian:**

A sheep · Five sheep

A fish · Sixteen fish

UNIDAD 051 — REGLAS DE PRONUNCIACION DEL PLURAL

Aprendamos algunas reglas de pronunciación:

La terminación **s** se
pronuncia [s] cuando va
delante de f, k, t o p:

Chefs
Books

La terminación **s** se
pronuncia [z] cuando va
delante de una vocal o de
b, d, g, l, m, n, r, w, y:

Cabs
Passwords
Dogs

Las terminaciones **s** o **es** se
pronuncian [ez] después de
sh, ch, s, z, ge y dge:

Dishes
Matches

UNIDAD 052

REGLAS DE PRONUNCIACIÓN DEL PLURAL (EJEMPLOS)

Practiquemos la pronunciación de las siguientes palabras:

El sonido
[s]

Book · Books
Date · Dates
Lip · Lips

Cab · Cabs
Password · Passwords
Doll · Dolls
Arm · Arms
Can · Cans
Driver · Drivers
Law · Laws
Key · Keys

El sonido
[z]

El sonido
[ez]

Match · Matches
Boss · Bosses
Prize · Prizes
Wage · Wages
Judge · Judges

ADJETIVOS

Los adjetivos son las palabras que describen al sustantivo. Estos pueden describir una característica, indicar la distancia con respecto del sustantivo, o indicar pertenencia o propiedad. Otros pueden indicar cantidades indefinidas.

Los adjetivos descriptivos, en inglés, se colocan antes del sustantivo y no tienen plural.

Por ejemplo:

Casa pequeña
Small house

Casas pequeñas
Small houses

Tall guy

Muchachos altos
Tall guys

UNIDAD 054

ADJETIVOS DESCRIPTIVOS

Los adjetivos descriptivos indican una característica propia del sustantivo. Aprendamos algunos de ellos:

Alto	Corto	Bonito
Tall	**Short**	**Pretty**

Grande	Joven	Feo
Big	**Young**	**Ugly**

Pequeño	Nuevo	Dulce
Small	**New**	**Sweet**

Largo	Viejo	Agrio
Long	**Old**	**Sour**

Practiquemos con algunos ejemplos:

La muchacha alta
The tall girl

El auto nuevo
The new car

El vestido largo
The long dress

El helado dulce
The sweet ice-cream

¡Escucha y practica los audios en la web del curso!

UNIDAD 055 — ADJETIVOS DEMOSTRATIVOS

Los adjetivos demostrativos son las palabras que indican la distancia de un sustantivo con respecto del sujeto que habla.

Los adjetivos demostrativos son:

Este / Esta · **This**   Ese / Esa · **That**

Estos / Estas · **These**   Esos / Esas · **Those**

Por ejemplo:

Este gato · **This cat**   Ese cuadro · **That picture**

Estos gatos · **These cats**   Esos cuadros
Those pictures

Esta mesa
This table   Esa casa · **That house**

Estas mesas
These tables   Esas casas
Those houses

UNIDAD 056 — ADJETIVOS POSESIVOS

Los adjetivos posesivos indican pertenencia o propiedad

Los adjetivos posesivos son:

Mi · **My**

Tu · **Your**

Su (de él) · **His**

Su (de ella) · **Her**

Su (para animales o cosas) · **Its**

Nuestro · **Our**

Su (de ustedes) · **Your**

Su (de ellos) · **Their**

Por ejemplo:

Mi blusa · **My blouse**

Tu libro · **Your book**

Su auto (de él)
His car

UNIDAD 057 — ADJETIVOS INDEFINIDOS

Los adjetivos indefinidos son aquellos que indican una cantidad indefinida

Los adjetivos indefinidos son:

Algunos · **Some**

Ninguno · **Any**

Varios · **Several**

Bastante · **A lot**

Muchos · **Many**

Unos pocos · **A few**

Un poco de · **A little**

Todo / Cada · **Every**

Por ejemplo:

Hay algunas zanahorias
There are some carrots

No vemos ningún almacén
We don't see any storage

Ellos compran unos limones
They buy a few lemons

UNIDAD 058

A FEW, A LITTLE

La expresión **a few** significa **unos pocos**, y se usa con sustantivos contables.

Por ejemplo:

Unas pocas tazas de té
A few cups of tea

Unos pocos edificios
A few buildings

La expresión **a little** significa **un poco de**, y se usa con sustantivos incontables:

Por ejemplo:

Un poco de azúcar
A little sugar

Un poco de café
A little coffee

UNIDAD 059

MANY, MUCH, A LOT

*La palabra **many** significa **muchos**.*
Se usa con sustantivos contables:

Muchas tazas de té
Many cups of tea.

Muchos obstáculos.
Many obstacles.

La palabra **much** significa **mucho**. Se usa con sustantivos incontables:

Mucho azúcar · **Much sugar**

Mucho café · **Much coffee**

La palabra **a lot** significa **bastante**:

Bastantes autos
A lot of cars

Bastante agua
A lot of water

UNIDAD 060 — ANY

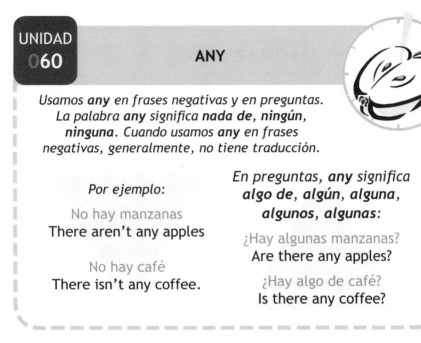

Usamos **any** en frases negativas y en preguntas. La palabra **any** significa **nada de**, **ningún**, **ninguna**. Cuando usamos **any** en frases negativas, generalmente, no tiene traducción.

Por ejemplo:

No hay manzanas
There aren't any apples

No hay café
There isn't any coffee.

En preguntas, **any** significa **algo de**, **algún**, **alguna**, **algunos**, **algunas**:

¿Hay algunas manzanas?
Are there any apples?

¿Hay algo de café?
Is there any coffee?

UNIDAD 061 — EVERY

La palabra **every** significa **cada** y **todo**.

Por ejemplo:

Tomo un examen cada año
I take a test every year

Voy al doctor cada mes
I go to the doctor every month

Todos los estudiantes tienen una computadora
Every student has a computer

Voy a la ciudad todos los días
I go to the city everyday

UNIDAD 062

SOME

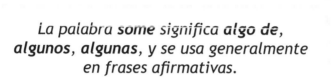

La palabra **some** significa **algo de**, **algunos**, **algunas**, y se usa generalmente en frases afirmativas.

Por ejemplo:

Necesito algunas naranjas
I need some oranges

Tengo algo de dinero
I have some money

También usamos **some** en algunas preguntas.

Por ejemplo:

¿Quieres un café?
Would you like some coffee?

¿Puedo tomar un poco de agua?
May I have some water?

¡Escucha y practica los audios en la web del curso!

UNIDAD 063

COMBINACIONES CON ANY, EVERY, SOME

*Podemos combinar **any**, **every** y **some** de la siguiente manera:*

Cualquiera, nadie
Anybody

Cualquier cosa, nada
Anything

En cualquier lugar, en ningún lugar
Anywhere

Todo el mundo
Everybody

Todas las cosas
Everything

En todas partes
Everywhere

Alguien · **Somebody**

Algo · **Something**

En algún lugar
Somewhere

Por ejemplo:

Ellos están en cualquier lugar
They are anywhere

Todo el mundo está contento
Everybody is happy

Queremos algo
We want something

UNIDAD 064 — ADJETIVOS POSESIVOS

Para saber el color de algo, preguntas:

¿De qué color es?
What color is it?

Aprendamos los colores:

Negro · **Black**

Azul · **Blue**

Marrón · **Brown**

Gris · **Gray**

Verde · **Green**

Rosa · **Pink**

Naranja · **Orange**

Rojo · **Red**

Amarillo · **Yellow**

Blanco · **White**

UNIDAD 065 — LOS COLORES (EJEMPLOS)

Practiquemos las siguientes frases usando los colores:

Negro como el carbón
Black as coal

Blanca como la nieve
White as snow

Azul como el cielo
Blue as the sky

Verde como el césped
Green as the grass

Rojo como la sangre
Red as blood

Rosa como un flamenco
Pink as a flamingo

Amarillo como el sol
Yellow as the sun

¡Escucha y practica los audios en la web del curso!

UNIDAD 066

LOS NUMEROS DEL 21 AL 100

Aprendamos los números del 21 al 100

Veintiuno
Twenty-one

Veintidós
Twenty-two

Veintitrés
Twenty-three

Veinticuatro
Twenty-four

Veinticinco
Twenty-five

Veintiséis
Twenty-six

Veintisiete
Twenty-seven

Veintiocho
Twenty-eight

Veintinueve
Twenty-nine

Treinta
Thirty

Cuarenta
Forty

Cincuenta
Fifty

Sesenta
Sixty

Setenta
Seventy

Ochenta
Eighty

Noventa
Ninety

Cien
One hundred

https://iam.inglesen100dias.com/

UNIDAD 067

LAS BIBLIOTECAS PÚBLICAS

Las bibliotecas públicas de Estados Unidos son un servicio fabuloso y gratuito que se ofrece a la comunidad.
Una vez registrado, uno puede tomar libros prestados, ir a leer y estudiar, y usar las computadoras sin costo alguno.
Además, ofrecen un entorno tranquilo y acogedor donde poder leer y estudiar cómodamente.

¡Es importante aprovechar estas oportunidades!

UNIDAD 068

HAY

Existen dos maneras de decir hay en inglés. Cuando nos referirnos a una persona o cosa, decimos:

Cuando hablamos de dos o más personas o cosas, decimos:

There is

There are

Por ejemplo:

Hay un cuchillo
There is a knife

Hay dos tenedores
There are two forks

UNIDAD 069

NO HAY

Existen dos maneras de decir **no hay** en inglés.

Cuando hablamos de una cosa, decimos:
There isn't

Cuando hablamos de varias cosas:
There aren't

Por ejemplo:

No hay un cuchillo
There isn't a knife

No hay dos tenedores
There aren't two forks

UNIDAD 070

¿HAY?

Existen dos maneras de preguntar usando **hay**.

Cuando hablamos de una cosa, decimos:
Is there?

Cuando hablamos de varias cosas:
Are there?

Por ejemplo:

¿Hay un cuchillo?
Is there a knife?

¿Hay dos tenedores?
Are there two forks?

UNIDAD 071

RESPUESTAS CORTAS CON HAY

Para responder de una manera más rápida usando **hay** o **no hay**, puedes hacerlo con las respuestas cortas.

A la pregunta:

¿Hay un cuchillo?
Is there a knife?

Responderás:

Sí, hay.
Yes, there is.

O:

No, no hay.
No, there isn't.

A la pregunta:

¿Hay dos cuchillos?
Are there two knives?

Responderás:

Sí, hay.
Yes, there are.

O:

No, no hay.
No, there aren't.

UNIDAD 072 — SEÑALES DE TRÁNSITO

La señales de tránsito son:

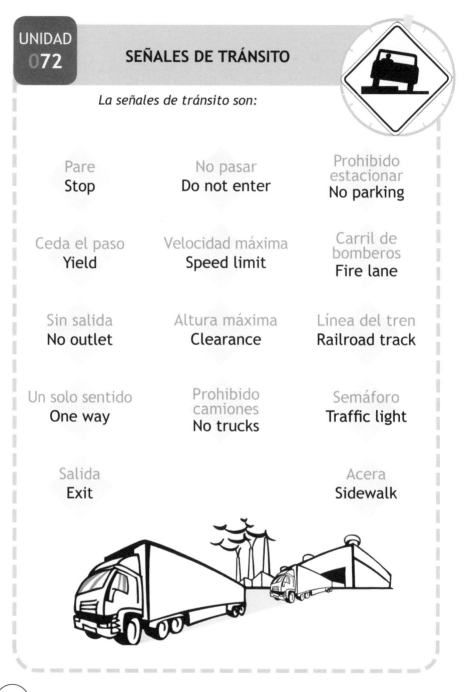

Pare
Stop

No pasar
Do not enter

Prohibido estacionar
No parking

Ceda el paso
Yield

Velocidad máxima
Speed limit

Carril de bomberos
Fire lane

Sin salida
No outlet

Altura máxima
Clearance

Línea del tren
Railroad track

Un solo sentido
One way

Prohibido camiones
No trucks

Semáforo
Traffic light

Salida
Exit

Acera
Sidewalk

https://iam.inglesen100dias.com/

¡Escucha y practica los audios en la web del curso!

EL AUTO

Aprendamos las palabras relacionadas con el auto:

Acelerador
Accelerator

Caja de cambios
Gear box

Radiador
Radiator

Batería
Battery

Luces
Headlights

Rueda
Wheel

Capot
Hood

Interior
Interior

Volante
Steering wheel

Freno
Brake

Espejo
Mirror

Neumático
Tire

Embrague
Clutch

Parabrisas
Windshield

Maletero
Trunk

Tablero
Dashboard

Puerta
Door

Ventana
Window

Exterior
Exterior

Parachoques
Fender

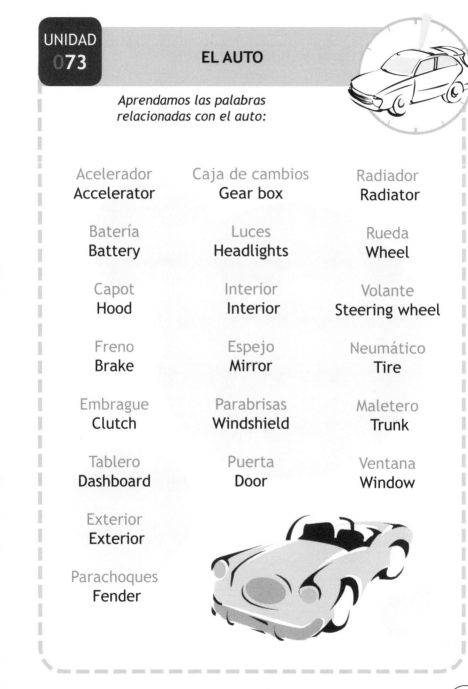

UNIDAD 074

LOS NÚMEROS ORDINALES

Los números ordinales son:

1º Primero **First**

2º Segundo **Second**

3º Tercero **Third**

4º Cuarto **Fourth**

5º Quinto **Fifth**

6º Sexto **Sixth**

7º Séptimo **Seventh**

Octavo **Eighth** 8º

Noveno **Ninth** 9º

Décimo **Tenth** 10º

Undécimo **Eleventh** 11º

Duodécimo **Twelfth** 12º

Vigésimo **Twentieth** 20º

Trigésimo **Thirtieth** 30º

https://iam.inglesen100dias.com/

UNIDAD 075

EL COMPARATIVO TAN... COMO

Aprendamos a hacer comparaciones.

Para hacer una comparación de igualdad, usamos:

Tan... como

As...as

Tan alto como

As tall as

Tan fuerte como

As strong as

Tan fácil como

As easy as

Tan amable como

As nice as

¡Escucha y practica los audios en la web del curso!

UNIDAD 076

EL COMPARATIVO MAS... QUE

Para hacer comparaciones de superioridad, usamos:

Fácil · **Easy**

Más fácil que
Easier than

Más ... que
More ... than

Por ejemplo:

Algunos adjetivos cambian completamente:

Más importante que
More important than

Bien · **Good**

Más bella que
More beautiful than

Mejor que · **Better than**

Mal · **Bad**

Si la palabra es corta (una o dos sílabas), sólo agregamos las terminaciones
-er / -ier

Peor que · **Worse than**

Lejos · **Far**

Más lejos que
Farther than

https://iam.inglesen100dias.com/

UNIDAD 077

EL COMPARATIVO MENOS... QUE

Para hacer una comparación de inferioridad, decimos:

Menos... que
Less... than

Por ejemplo:

Menos difícil que
Less difficult than

Menos pequeño que
Less small than

Menos bonito que
Less pretty than

Menos fuerte que
Less strong than

UNIDAD 078

COMPARATIVOS DE IGUALDAD Y DESIGUALDAD (EJEMPLOS)

Practiquemos los comparativos de igualdad y desigualdad con las siguientes frases:

Tina es tan alta como Peter
Tina is as tall as Peter

Jeff es más fuerte que Joe
Jeff is stronger than Joe

Katy es menos bonita que Betty
Katy is less pretty than Betty

Esa medicina es peor que ésta
That medicine is worse than this one

¡Escucha y practica los audios en la web del curso!

UNIDAD 079

EL SUPERLATIVO

Para indicar una cualidad de superioridad o inferioridad de alguien o algo, usamos el superlativo

Si el adjetivo es corto, solo agregamos la terminación -**est** al adjetivo.

Grande · **Big**

Para formar el superlativo, decimos:

El más grande
The biggest one

El más
The most

Algunos adjetivos cambian completamente:

El menos
The least

Bueno · **Good**

Por ejemplo:

El mejor · **The best**

El más inteligente
The most intelligent

Malo · **Bad**

La menos difícil
The least difficult

El peor · **The worst**

https://iam.inglesen100dias.com/

¡Escucha y practica los audios en la web del curso!

UNIDAD 080

EL SUPERLATIVO (EJEMPLOS)

Practiquemos el superlativo con las siguientes frases:

Él es el mejor jugador
He is the best player

Ésa es la peor comida
That is the worst food

Ella es la muchacha más alta de la escuela
She is the tallest girl at school

Ellos tienen los libros menos interesantes
They have the least interesting books

UNIDAD 081

LOS NUMEROS DEL 200 AL 1.000

Aprendamos ahora los números del 200 al 1.000.

Doscientos · **Two hundred**

Seiscientos · **Six hundred**

Trescientos · **Three hundred**

Setecientos · **Seven hundred**

Cuatrocientos · **Four hundred**

Ochocientos · **Eight hundred**

Quinientos · **Five hundred**

Novecientos ·**Nine hundred**

Mil · **One thousand**

UNIDAD 082

LOS NUMEROS DEL 200 AL 1.000 (EJEMPLOS)

Practiquemos los números del 200 al 1.000 con los siguientes ejemplos:

Doscientos cuarenta
Two hundred forty

Quinientos sesenta
Five hundred sixty

Ochocientos cuarenta y dos
Eight hundred forty-two

Novecientos cinquenta y siete
Nine hundred fifty-seven

Mil diez
One thousand ten

Mil trescientos
One thousand three hundred

Mil trescientos cincuenta
One thousand three hundred fifty

Mil trescientos cinquenta y dos
One thousand three hundred fifty-two

UNIDAD
083

MARCANDO EL 911

Cuando nos encontramos en una situación
de emergencia y deseamos llamar a la policía
(the police), a la ambulancia, o a los bomberos
(the fire rescue) para solicitar ayuda inmediata,
entonces marcamos el número 911. Nos pedirán
información sobre el caso y la dirección en
donde nos encontramos.

UNIDAD 084

LISTA DE VERBOS (1)

Aprendamos los siguientes verbos:

Conducir **To drive**	Yo preparo **I make**	Poner **To put**
Yo conduzco **I drive**	Pagar **To pay**	Yo pongo **I put**
Conseguir **To get**	Yo pago **I pay**	Salir **To leave**
Yo consigo **I get**	Esperar **To wait**	Yo salgo **I leave**
Ayudar **To help**	Yo espero **I wait**	Repetir **To repeat**
Yo ayudo **I help**	Enviar **To send**	Yo repito **I repeat**
Hacer (preparar) **To make**	Yo envío **I send**	

¡Escucha y practica los audios en la web del curso!

UNIDAD 085

LISTA DE VERBOS (2)

Aprendamos los siguientes verbos:

Cantar
To sing

Beber
To drink

Nosotros decimos
We say

Yo canto
I sing

Nosotros bebemos
We drink

Escribir
To write

Bailar
To dance

Comer
To eat

Ustedes comen
You (plural) eat

Escuchar
To listen

Ustedes escriben
You (plural) write

Yo escucho
I listen

Caminar
To walk

Tú bailas
You dance

Decir
To say

Ellos caminan
They walk

UNIDAD 086

LISTA DE VERBOS (3)

Aprendamos los siguientes verbos:

Dormir
To sleep

Ustedes terminan
You (plural) finish

Tú recuerdas
You remember

Yo duermo
I sleep

Preguntar
To ask

Olvidar
To forget

Despertar
To wake up

Nosotros olvidamos
We forget

Amar
To love

Tú despiertas
You wake up

Ellos preguntan
They ask

Ustedes aman
You (plural) love

Comenzar
To start

Responder
To answer

Nosotros comenzamos
We start

Yo respondo
I answer

Terminar
To finish

Recordar
To remember

UNIDAD 087 — EL VERBO TO SPEAK (HABLAR)

*Aprendamos el verbo **to speak** (hablar) con los siguientes ejemplos:*

Ellos hablan inglés
They speak English

Nosotros hablamos con el jefe
We speak with the boss

Yo hablo español
I speak Spanish

*Cuando **speak** va después de los pronombres he, she, it, decimos **speaks**:*

Ella habla varios idiomas
She speaks several languages

UNIDAD 088

LAS PARTES DE LA CARA

Aprendamos las palabras relacionadas con las partes de la cara:

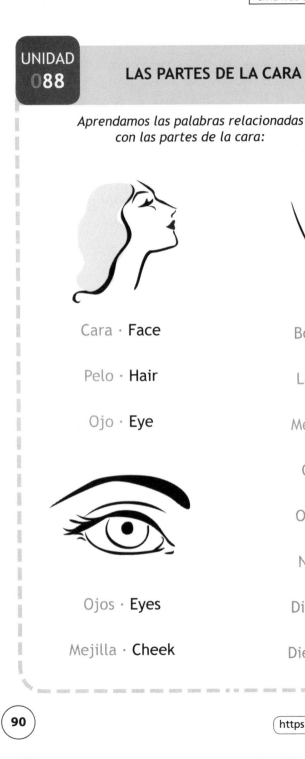

Cara · **Face**

Pelo · **Hair**

Ojo · **Eye**

Ojos · **Eyes**

Mejilla · **Cheek**

Boca · **Mouth**

Labios · **Lips**

Mentón · **Chin**

Oreja · **Ear**

Orejas · **Ears**

Nariz · **Nose**

Diente · **Tooth**

Dientes · **Teeth**

UNIDAD 089

EL VERBO TO DO (HACER)

*Aprendamos el verbo **to do** (hacer):*

Yo hago / **I do**

Tú o usted hace / **You do**

Nosotros hacemos / **We do**

Ustedes hacen / **You do**

Ellos o ellas hacen / **They do**
Cuando este verbo va después

*de **he**, **she**, **it**, decimos:*

Él hace / **He does**

Ella hace / **She does**

(Para animales o cosas)
Hace / **It does**

UNIDAD 090

EL VERBO HACER (AFIRMATIVO)

*Practiquemos el verbo **to do** (hacer) con algunos ejemplos:*

Yo hago mi tarea
I do my homework

Ella hace los quehaceres
She does the chores

Ellos hacen un proyecto
They do a project

Nos arreglamos el cabello
We do our hair

Él hace los ejercicios
He does the exercises

UNIDAD 091

EL VERBO HACER (NEGATIVO)

*Para formar el negativo con el verbo **to do**, agregamos el auxiliar del mismo nombre (do o does) en forma negativa y decimos:*

Do not · **Don't**

Ustedes no hacen su tarea
You don't do your homework

Does not · **Doesn't**

Él no hace su trabajo
He doesn't do his work

Luego, colocamos el verbo **to do** con función de verbo principal:

Yo no hago nada
I don't do anything

UNIDAD 092

EL VERBO HACER (PREGUNTAS)

*Para preguntar con el verbo **to do**, agregamos el auxiliar del mismo nombre (do o does) al inicio de la frase:*

¿Hace ella la lavandería?
Does she do the laundry?

¿Hacen ellos las actividades?
Do they do the activities?

Por ejemplo:

¿Haces tu proyecto?
Do you do your project?

¿Haces tu tarea?
Do you do your homework?

UNIDAD 093

ROMPER EL HIELO CON OTRA PERSONA (NUESTROS ERRORES MÁS FRECUENTES)

Para conquistar a la persona que te gusta, debes tener en cuenta que los hábitos de los estadounidenses son distintos a los nuestros. Debemos elegir el momento oportuno para entablar el primer contacto. Los americanos son desconfiados y no podemos abordarlos sin presentación alguna.
Si te interesa conocer gente, puedes apuntarte a grupos locales de actividades (deportes, música, etc).

UNIDAD 094

EL AUXILIAR DO / DOES

Los auxiliares en inglés son elementos de apoyo y se colocan al lado de un verbo principal

Algunos auxiliares también pueden funcionar como verbos principales. Los auxiliares más comunes son **do**, **have** y **will**. Usamos el auxiliar **do** (hacer), en presente, en frases negativas y en preguntas.

Por ejemplo:

Yo no trabajo
I don't work

¿Trabajas?
Do you work?

UNIDAD 095 — EL AUXILIAR DO (NEGATIVO)

El auxiliar do se usa para formar frases negativas y preguntas con otros verbos.

Para formar frases negativas, agregamos **do not** (don't) o **does not** (doesn't) después del pronombre personal:

Yo no recuerdo
I don't remember

Después de los pronombres **he**, **she**, **it**, agregamos **does not** (doesn't) y le quitamos la terminación **-s** o **-es** al verbo principal:

El no va
He doesn't go

UNIDAD 096 — EL AUXILIAR DO (PREGUNTAS)

El auxiliar do también se usa para hacer preguntas con otros verbos, y se coloca delante del sujeto.

¿Miras la televisión?
Do you watch TV?

Cuando do va antes de los pronombres he, she, it, decimos does y le quitamos la terminación -s o -es al verbo principal:

¿Conduce él bien?
Does he drive well?

UNIDAD 097 — EL VERBO TO HAVE (TENER)

*Aprendamos el verbo **to have**, que significa **tener**:*

Yo tengo · **I have**

Tú tienes o usted tiene
You have

Nosotros tenemos · **We have**

Ustedes tienen · **You have**

Ellos o ellas tienen
They have

Cuando **to have** va después de **he, she, it**, decimos:

Él tiene · **He has**

Ella tiene · **She has**

(Para animales o cosas)
Tiene · **It has**

UNIDAD 098 — EL VERBO TENER (AFIRMATIVO)

*Practiquemos el verbo **to have** (tener) con los siguientes ejemplos:*

Tú tienes un camión
You have a truck

Él tiene un resfrío
He has a cold

Nosotros tenemos muchos clientes
We have many clients

Ellas tienen una fiesta
They have a party

Ustedes tienen una cita
You have an appointment

UNIDAD 099

EL VERBO TENER (NEGATIVO)

*Para formar el negativo con el verbo **to have** (tener), usamos el auxiliar **don't** o **doesn't** seguido del verbo:*

Yo no tengo
I don't have

No tenemos mucho tiempo
We don't have much time

Él no tiene
He doesn't have

Ella no tiene mascotas
She doesn't have any pets

Ellos no tienen cambio · **They don't have change**

UNIDAD 100

EL VERBO TENER (PREGUNTAS)

*Para preguntar con el verbo **to have**, usamos el auxiliar **do / does** delante del sujeto:*

Por ejemplo:

¿Tiene él un auto?
Does he have a car?

¿Tienes tú?
Do you have?

¿Tienen ustedes una idea?
Do you have an idea?

¿Tiene ella?
Does she have?

¿Tengo una oportunidad?
Do I have a chance?

UNIDAD 101

COGNADOS Y FALSOS COGNADOS

A los cognados y falsos cognados también se les conoce como amigos y falsos amigos. Son cognados aquellas palabras que se escriben de manera similar en dos idiomas y su significado es el mismo o similar; mientras que los falsos cognados son aquellas palabras cuya escritura es similar o igual en dos idiomas, pero su significado es distinto.

¡Escucha y practica los audios en la web del curso!

UNIDAD 102

COGNADOS

Aprendamos los siguientes cognados:

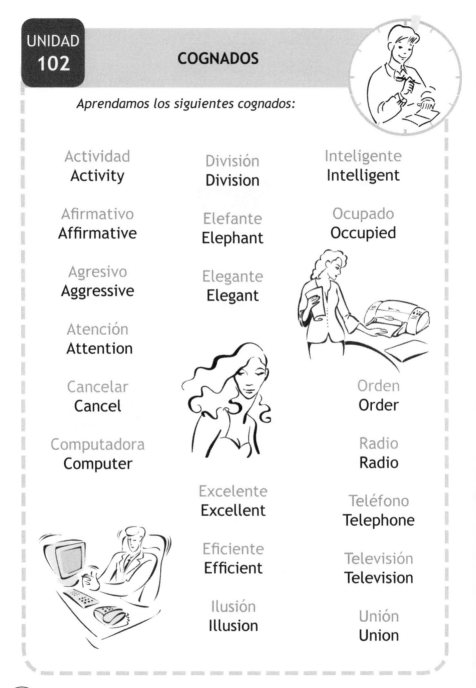

Actividad
Activity

División
Division

Inteligente
Intelligent

Afirmativo
Affirmative

Elefante
Elephant

Ocupado
Occupied

Agresivo
Aggressive

Elegante
Elegant

Atención
Attention

Cancelar
Cancel

Orden
Order

Computadora
Computer

Radio
Radio

Excelente
Excellent

Teléfono
Telephone

Eficiente
Efficient

Televisión
Television

Ilusión
Illusion

Unión
Union

https://iam.inglesen100dias.com/

¡Escucha y practica los audios en la web del curso!

UNIDAD 103

FALSOS COGNADOS

Aprendamos los siguientes falsos cognados:

Actually
Ciertamente, verdaderamente, en realidad, en efecto

En inglés, *actualmente* se dice *currently, nowadays, at present.*

Advise
Aconsejar

En inglés, *avisar* se dice *warn.*

Anxious
Inquieto, nervioso

En inglés, *ansioso* se dice *eager, uneasy.*

Ardent
Ferviente

En inglés, *ardiente* se dice *burning, raging.*

¡Escucha y practica los audios en la web del curso!

UNIDAD 104

EL VERBO IR (TO GO)

*Aprendamos el verbo **to go** (ir) con los siguientes ejemplos:*

Cuando go va después de los pronombres he, she, it, decimos goes:

Yo voy a la farmacia
I go to the drugstore

Ella va a la oficina
She goes to the office

Tú vas al gimnasio
You go to the gym

Nosotros vamos a nuestro apartamento
We go to our apartment

UNIDAD 105

EL ESTADO CIVIL

Cuando hablamos del estado civil de una persona, decimos:

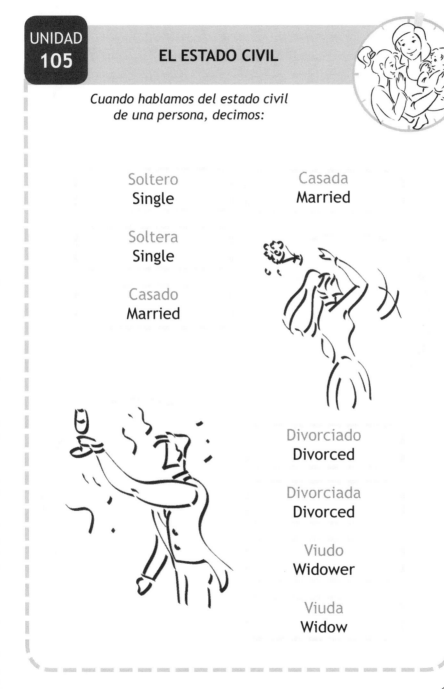

Soltero
Single

Casada
Married

Soltera
Single

Casado
Married

Divorciado
Divorced

Divorciada
Divorced

Viudo
Widower

Viuda
Widow

UNIDAD 106

LA FAMILIA

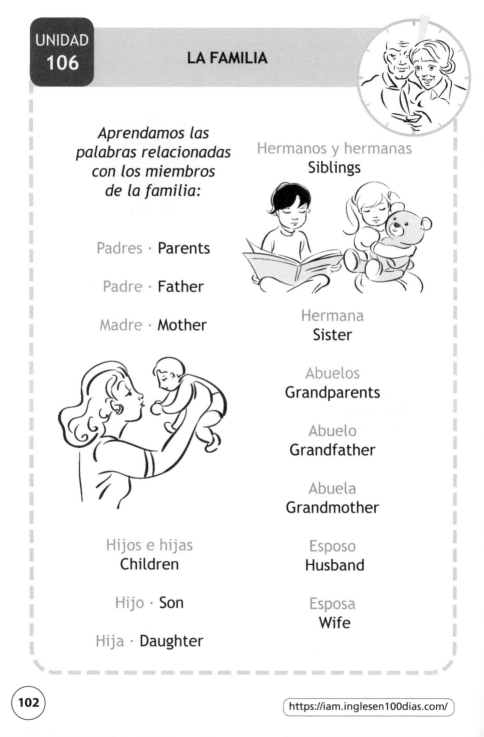

Aprendamos las palabras relacionadas con los miembros de la familia:

Padres · **Parents**

Padre · **Father**

Madre · **Mother**

Hijos e hijas
Children

Hijo · **Son**

Hija · **Daughter**

Hermanos y hermanas
Siblings

Hermana
Sister

Abuelos
Grandparents

Abuelo
Grandfather

Abuela
Grandmother

Esposo
Husband

Esposa
Wife

¡Escucha y practica los audios en la web del curso!

UNIDAD 107

LOS PARIENTES

Aprendamos los nombres de los parientes:

Parientes
Relatives

Sobrino
Nephew

Tío
Uncle

Tía
Aunt

Primos
Cousins

Primo / Prima
Cousin

Sobrina
Niece

Novio
Boyfriend

Novia
Girlfriend

UNIDAD 108 — ESTADOS DE ANIMO

Aprendamos algunos estados de ánimo:

Alegre · **Happy**

Triste · **Sad**

Nervioso · **Nervous**

Sociable · **Outgoing**

Tímido · **Shy**

Asustado · **Scared**

Cuando te preguntan cómo estás, puedes responder:

Estoy alegre
I'm happy

Michael está triste
Michael is sad

Rachel es tímida
Rachel is shy

Horrorizado · **Terrified**

Preocupado · **Worried**

Cansado · **Tired**

Enojado · **Angry**

Aburrido · **Bored**

UNIDAD 109

EL CLIMA

Aprendamos cómo decir las condiciones climáticas:

Temperatura
Temperature

Grados · **Degrees**

Pronóstico
Forecast

Pronóstico del clima
Weather forecast

Chubascos
Showers

Tornados
Tornadoes

Huracanes
Hurricanes

Tormenta eléctrica
Thunderstorm

Granizo · **Hail**

Lluvia · **Rain**

Nieve · **Snow**

Nube · **Cloud**

Trueno · **Thunder**

Relámpago · **Lightning**

Para saber cómo está el tiempo, preguntas:

What's the weather like?

What's the temperature?

UNIDAD 110

EL CLIMA (FRASES)

Para hablar del clima, se usa el pronombre «it»:

Está lloviendo · It's raining

Hace frío · It's cold

Hace calor · It's warm

Está nevando · It's snowing

Está soleado · It's sunny

Está húmedo · It's humid

Está fresco · It's cool

Hay viento
It's windy

Está nublado
It's cloudy

Para expresar tu sensación con respecto al clima, dices:

Tengo frío · I'm cold.

Tengo calor · I'm hot.

UNIDAD 111

PREPOSICIONES

Las preposiciones son elementos de la frase que denotan la relación existente entre dos palabras a las que sirven de nexo.

Por ejemplo:

Sobre, debajo, delante, detrás, entre, con, sin, en.

Aprendamos algunas preposiciones en inglés:

Sobre
Over

La lámpara está sobre la mesa
The lamp is over the table

Debajo
Under

El gato está debajo de la cama
The cat is under the bed

Al lado
Next to

El árbol está al lado de la casa
The tree is next to the house

¡Escucha y practica los audios en la web del curso!

UNIDAD 112

IN, ON, AT

*Las preposiciones **in**, **on**, **at** significan **en** en español.*

En (dentro de) **In**
En (sobre) **On**
En (al lado de) **At**

Por ejemplo:

El gato está en (dentro de) la bolsa
The cat is in the bag

El gato está en (sobre) el sofa
The cat is on the couch

El gato está en (al lado de) la puerta
The cat is at the door

UNIDAD 113

WITH, WITHOUT

*La palabra **with** significa **con** y **without** significa **sin**. Estas palabras van seguidas de un sustantivo o un pronombre de objeto:*

Conmigo · With me

Sin ti · Without you

Con él · With him

Con ellos · With them

Sin ella · Without her

Practiquemos las siguientes frases:

Voy al cine contigo
I go to the movies with you

Ellos pasean sin auto
They walk around without a car

https://iam.inglesen100dias.com/

¡Escucha y practica los audios
en la web del curso!

UNIDAD 114

TOO / ALSO

Para expresar que estás de acuerdo con alguien, dices:

Yo estoy bien · I'm O.K.

Yo también · So am I

El trabaja duro
He works hard

También
Too / Also

Yo también · So do I

Ellos trabajaron ayer
They worked yesterday

También estoy
entusiasmada
I'm excited, too
I'm also excited

Yo también
So did I

*También podemos usar **so** al inicio de una respuesta, seguido del verbo to be, o un auxiliar, y un pronombre personal:*

UNIDAD 115

EITHER, NEITHER

Para expresar desacuerdo, decimos:

Tampoco · **Either**

Yo tampoco estoy nervioso
I'm not nervous, either

También podemos usar **neither** al inicio de una respuesta, seguido del verbo to be, o un auxiliar, y un pronombre personal:

No estoy bien
I'm not O.K

Yo tampoco
Neither am I

Ellos no trabajan
They don't work

Yo tampoco
Neither do I

El no fue
He didn't go

Nosotros tampoco
Neither did we

¡Escucha y practica los audios en la web del curso!

UNIDAD 116

DESCRIBIENDO A UNA PERSONA

Cuando describimos a alguien, podemos decir:

Su pelo es castaño
Her hair is brown

Tiene el pelo largo y lacio
She has long straight hair

Tiene ojos grandes y verdes
She has big green eyes

Su nariz es pequeña
Her nose is small

UNIDAD 117

CENANDO CON INVITADOS

Cuando llegan a tu casa invitados a cenar, puedes usar las siguientes frases:

Adelante · **Come in**

¿Puedes darme tu abrigo?
Can I take your coat?

Permíteme tu cartera
Let me take your purse

Tomen asiento, por favor
Have a seat, please

¡Sírvete! · **Help yourself!**

¡Sírvanse! · **Help yourselves!**

¡Buen provecho!
Enjoy your meal!

UNIDAD 118

FALSOS COGNADOS

Aprendamos los siguientes falsos cognados:

Argument
Discusión, debate
En inglés, *argumento* se dice *plot, topic*.

Attend
Asistir a, ir a
En inglés, *atender* se dice *pay attention*.

Assist
Ayudar, auxiliar
En inglés, *asistir* se dice *attend*.

Avocado
Aguacate
En inglés, *abogado* se dice *lawyer*.

UNIDAD 119

EL GERUNDIO

Por ejemplo:

El gerundio, en español, es la forma verbal con las terminaciónes -ando e -iendo. En inglés, la terminación del gerundio es -ing.

Trabajar · To work
Trabajando · Working
Hablar · To speak
Hablando · Speaking
Estudiar · To study
Estudiando · Studying
Leer · To read
Leyendo · Reading

UNIDAD 120

EL PRESENTE CONTINUO

Usamos el presente continuo para describir una acción continua en el presente. Este tiempo verbal se forma con el verbo **to be** *en presente (am, is, are), y un verbo con la terminación -**ing**.*

Por ejemplo:

Yo camino
I walk

Estoy caminando
I am walking

Tú hablas
You speak

Él está hablando
He is speaking

Comemos
We eat

Estamos comiendo
We are eating

UNIDAD 121

EL PRESENTE CONTINUO
(EJEMPLOS)

*Practiquemos las siguientes frases con
el tiempo presente continuo:*

Ella está conduciendo ahora
She is driving now

Ella está estudiando este mes
She's studying this month

Tú estás estudiando
inglés ahora
You are studying English now

Él está viajando
mucho este año
**He's traveling a
lot this year**

Ellos están trabajando
en estos días
They're working these days

UNIDAD 122

EL VERBO TO EAT (COMER)

*Aprendamos el verbo
to eat (comer) con los
siguientes ejemplos:*

Ustedes comen carne
You eat meat

Yo como en el restaurante
I eat at the restaurant

Ellos están
comiendo frutas
They're eating fruits

Nosotros comemos en casa
We eat at home

Él está comiendo pasta
He's eating pasta

¡Escucha y practica los audios en la web del curso!

UNIDAD 123

EL VERBO TO LISTEN
(ESCUCHAR)

*El verbo **to listen** (escuchar) siempre va seguido de la preposición **to**. Aprendamos el verbo **to listen** con los siguientes ejemplos:*

Él escucha música
He listens to the music

Nosotros escuchamos los discos.
We listen to the records

Ustedes escuchan las noticias
You listen to the news

Ella está escuchando el timbre
She's listening to the bell

Ellos están escuchando la radio
They're listening to the radio

UNIDAD 124

LIKE, DISLIKE

Para expresar que algo te gusta o no, dices:

Me gusta · **I like**

No me gusta · **I don't like**

Por ejemplo:

Me gusta ese abrigo
I like that coat

No me gustan esos pantalones
I don't like those pants

Me gusta esa blusa
I like that blouse

No me gustan esos zapatos
I don't like those shoes

¡Escucha y practica los audios en la web del curso!

UNIDAD 125

COMPRANDO ROPA

Cuando compras ropa en una tienda, puedes usar las siguientes frases:

Necesito una camisa
I need a shirt

Para llevar algo, dices:

Sólo estoy mirando
I'm just looking

Lo llevo · I'll take it

Para comprar algo, dices:

Para pagar, preguntas:

¿Cuánto es?
How much is it?

Estoy buscando
I'm looking for

Estoy buscando una chaqueta
I'm looking for a jacket

Necesito · I need

UNIDAD 126

CONVERSACIONES TELEFÓNICAS

Cuando hablas por teléfono, dices:

¿Puedo hablar con...?
May I speak with...?

¿De parte de quién?
May I ask who's calling?

Un momento, por favor.
One moment, please.

Le comunico.
I'll put you through.

Si la persona no está, dices:

No está disponible.
He / She is not available.

Para dejar mensaje, dices:

¿Puedo dejar un mensaje?
May I leave a message?

UNIDAD 127 — VERBOS MODALES

Los verbos modales son aquellos que usamos en expresiones de cortesía o cuando queremos pedir algo.

Por ejemplo:

Poder
Can / May / Might

Querer · **Want**

Deber · **Must**

Tener que
Have to

Podría · **Could**

Debería · **Should**

Desearía
Would like

Estos verbos se pueden usar con otro verbo:

¿Puedo responder?
May I answer?

Tengo que salir.
I have to leave.

UNIDAD 128

CAN

*Para describir una habilidad usamos el verbo **can**, que significa **poder**:*

Yo puedo · **I can**

No puedo.
I cannot · I can't

¿Puedes? · **Can you?**

Practiquemos las siguientes frases:

Yo puedo ayudarte.
I can help you.

Tú puedes hablar español.
You can speak Spanish.

Ella no puede manejar.
She can't drive.

¿Podemos limpiar?
Can we clean?

UNIDAD 129

COULD

*Aprendamos el verbo modal **could**, que significa **podía** o **podría**:*

Yo podría · **I could**

No podría
I could not · I couldn't

¿Podrías? · **Could you?**

Por ejemplo:

Ella podría ir allí.
She could go there.

¿Podrías pasarme la sal?
Could you pass me the salt?

Ustedes no podrían venir.
You couldn't come.

UNIDAD 130

HAVE TO

*Usamos **have to**, que significa **tener que**, para expresar necesidad u obligación:*

Tengo que · **I have to**

Por ejemplo:

Tengo que limpiar
la cocina.
**I have to clean
the kitchen.**

No tienes que
limpiar el baño.
**You don't have to
clean the bathroom.**

Greg no tiene que
lavar los platos.
**Greg doesn't have
to wash the dishes.**

UNIDAD 131

WOULD

*Para pedir algo de manera formal usamos el verbo modal **would** seguido de un verbo principal.*

La forma negativa es:

would not
wouldn't

Practiquemos con los siguientes ejemplos:

¿Cerrarías la puerta, por favor?

Would you please close the door?

¿Encenderías las luces?

Would you turn on the lights?

Yo no regresaría · **I wouldn't come back.**

UNIDAD 132

SHOULD

*Usamos el verbo modal **should**, que significa **debería**, para dar y pedir recomendaciones, seguido de un verbo principal.*

La forma negativa es:

should not / shouldn't.

Practiquemos con los siguientes ejemplos:

Deberías hacerlo.
You should do it.

Ellos no deberían conducir.
They shouldn't drive.

Deberíamos ser pacientes.
We should be patient.

¿Qué debería hacer (yo)?
What should I do?

UNIDAD 133

WANT, WOULD LIKE

***Want** significa **querer** y se usa para pedir algo de una manera más informal o imperativa.*

Por ejemplo:

Quiero conducir.
I want to drive.

Would like significa **quisiera** y se usa para pedir algo formalmente.

La forma negativa es:
would not like.
wouldn't like.

Por ejemplo:
Quisiera un café.
I would like a coffee.

UNIDAD 134 — MAY, MIGHT

*Los verbos modales **may** y **might** también se usan para hablar de posibilidad. Por ejemplo:*

Es posible que yo vaya al cine.
I may go to the movies.

¿Puedo pasar?
May I come in?

Puede que llueva más tarde.
It might rain later.

Es posible que comamos en el restaurante.
We might eat at the restaurant.

UNIDAD 135 — MUST

*Usamos **must**, que significa **deber**, para expresar obligación:*

Por ejemplo:

Yo debo.
I must.

Los conductores deben tener una licencia.
Drivers must have a license.

Debes usar el cinturón de seguridad.
You must wear a seat belt.

Tú no debes.
You mustn't.

Debemos poner la señal de giro antes de doblar.
We must put the flashing light before making a turn.

UNIDAD 136

UN ENCUENTRO CON UN POLICÍA (DIÁLOGO)

MAN: Good afternoon. May I have

your driver license and car registration, please?

WOMAN: Excuse me, could you repeat, please?

MAN: I need your driving documents, please.

WOMAN: Oh, yes. One moment, please. Here you are.

MAN: I see that your car insurance is expired.

WOMAN: But, I renewed it two days ago.

Can I call my insurance carrier?

MAN: Go ahead.

UNIDAD 137

LA TARJETA DE SEGURO SOCIAL

La Tarjeta del Seguro Social (Social Security) es tal vez el documento más importante que deben obtener los habitantes de este país.

La tarjeta incluye el número del Seguro Social del titular.

Este número identificará a los estadounidenses para todo.

No hay que dar este número de Seguridad Social a nadie; sólo cuando lo exijan las oficinas públicas y bancarias, o en trámites oficiales.

UNIDAD 138

VERBOS COMPUESTOS

En inglés, muchos verbos se unen con palabras como in, on, up, off, y forman verbos compuestos.

Por ejemplo:

Despertarse / **Wake up**

Encender / **Turn on**

Apagar / **Turn off**

Levantarse / **Get up**

Ponerse / **Put on**

Subir / **Get in**

Sacarse / **Take off**

Sentarse / **Sit down**

Regresar / **Go back**

UNIDAD 139

VERBOS COMPUESTOS
(EJEMPLOS)

Practiquemos los verbos compuestos con algunos ejemplos:

Sarah se despertó a las 7.
Sarah woke up at 7.

Ella se levantó.
She got up.

Ella encendió las luces.
She turned on the lights.

Después del desayuno, ella se puso su abrigo.
After breakfast, she put on her coat.

UNIDAD 140

VERBOS COMPUESTOS
GET IN, GET BACK

*Estudiemos el uso del verbo **get** como verbo compuesto*

Comprar, conseguir, llegar
Get

Regresar
Get back

Regresamos al hotel a las 11 p.m.
We got back to the hotel at 11 p.m.

Entrar / subir a un vehículo.
Get in

¡Entra al auto! ¡Está lloviendo!
Get in the car! It's raining!

UNIDAD 141

VERBOS COMPUESTOS
GET OUT, GET UP

*Estudiemos el uso del verbo **get** como verbo compuesto*

Comprar / Conseguir / Llegar · **Get**
Salir/bajar de un vehículo · **Get out of**
Levantarse de la cama · **Get up**

Se bajó del automóvil y comenzó a correr
He got out of the car and started running.

Generalmente me levanto a las 7:30
I usually get up at 7:30.

UNIDAD 142

VERBOS COMPUESTOS GO BACK, GO OUT, GO ON

*Estudiemos el verbo **to go** como verbo compuesto:*

Ir · **Go**

Regresar
Go back

Regresó a su antigua escuela.
He went back to his old school.

Salir · **Go out**

¿Te gustaría salir a cenar?
Would you like to go out for dinner?

Continuar, suceder
Go on

No pudimos seguir hablando.
We couldn't go on talking.

¿Qué sucede aquí?
What's going on here?

UNIDAD 143

EL FUTURO Y EL FUTURO PRÓXIMO

En inglés existen dos maneras de hablar en tiempo futuro.

Cuando tenemos intención de realizar una acción usamos el tiempo futuro próximo, que se forma con el verbo **to go** en presente continuo:

Voy a…
I'm going to…

y otro verbo en infinitivo:

Estudiar
To study

Voy a estudiar.
I'm going to study.

Cuando hablamos de un futuro indefinido usamos el tiempo futuro o futuro simple, que se forma usando el auxiliar **will**, seguido de un verbo principal:

Estudiaré.
I will study.

UNIDAD 144

EL FUTURO PRÓXIMO
(AFIRMATIVO)

*Aprendamos el futuro con **going to**
y un verbo en infinitivo:*

Voy a...
I am going to...
I'm going to...

Voy a trabajar mañana.
I'm going to work tomorrow.

Vas a comer más tarde.
You're going to eat later.

*Practiquemos
con las
siguientes
frases:*

(Él) va a venir el próximo mes.
He's going to come next month.

UNIDAD 145

EL FUTURO PRÓXIMO
(NEGATIVO)

*Aprendamos la forma negativa del futuro
con **going to** y un verbo en infinitivo:*

No voy a...
I'm not going to...

No vamos a viajar
el próximo año.
**We're not going to
travel next year.**

Por ejemplo:

No voy a estudiar
el sábado.
**I'm not going to study
on Saturday.**

(Él) no va a escribir la
próxima semana.
**He's not going to
write next week.**

UNIDAD 146 — EL FUTURO PRÓXIMO (PREGUNTAS)

*Aprendamos a hacer preguntas en futuro, usando **going to** y un verbo en infinitivo:*

¿Vas a... ?
Are you going to... ?

Por ejemplo:

¿Vas a estudiar el fin de semana?
Are you going to study on the weekend?

¿Van ellos a conducir el martes?
Are they going to drive on Tuesday?

¿Vamos a cocinar esta noche?
Are we going to cook tonight?

UNIDAD 147 — EL FUTURO SIMPLE (AFIRMATIVO)

*Para hablar en futuro o futuro simple, usas el auxiliar **will** y un verbo principal:*

Por ejemplo:

I will = I'll

Yo iré a dormir temprano.
I will go to bed early.

Él estudiará medicina.
He will study medicine

You will = You'll

Viajaremos a Nueva York.
We will travel to New York.

UNIDAD 148

EL FUTURO (NEGATIVO)

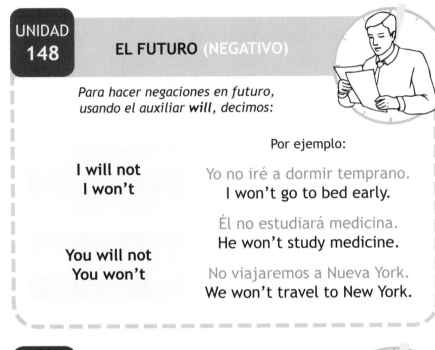

Para hacer negaciones en futuro, usando el auxiliar **will**, *decimos:*

Por ejemplo:

I will not
I won't

Yo no iré a dormir temprano.
I won't go to bed early.

Él no estudiará medicina.
He won't study medicine.

You will not
You won't

No viajaremos a Nueva York.
We won't travel to New York.

UNIDAD 149

EL FUTURO (PREGUNTAS)

Para hacer preguntas en futuro usando el auxiliar **will**, *lo colocamos* delante del sujeto *y decimos:*

Por ejemplo:

Will I?

¿Irás a dormir temprano?
Will you go to bed early?

Will you?

¿Estudiará él medicina?
Will he study medicine?

Will he?

¿Viajaremos a Nueva York?
Will we travel to New York?

UNIDAD 150

RESPUESTAS CORTAS CON EL FUTURO

Aprendamos a responder de una manera más rápida en futuro:

¿Irás a México pronto?
Will you go to Mexico soon?
Sí, lo haré. **Yes, I will.**

¿Se mudarán ustedes?
Will you move?
Sí, lo haremos.
Yes, we will.

¿Le pedirás que venga?
Will you ask her to come?
No, no lo haré.
No, I won't.

¿Terminarás temprano?
Will you finish early?
No, no lo haré.
No, I won't.

UNIDAD 151

FALSOS COGNADOS

Aprendamos los siguientes falsos cognados:

Card / Tarjeta
En inglés, *carta* se dice *letter*.

Collar / Cuello (de camisa)
En inglés, *collar* se dice *necklace*.

Carpet / Alfombra
En inglés, *carpeta* se dice *folder, file*.

Constipated / Estreñido
En inglés, *constipado* se dice a *cold*.

EL VERBO TO READ (LEER)

*Aprendamos el verbo **to read** (leer)
con los siguientes ejemplos:*

Él va a leer las
instrucciones.
**He's going to read
the instructions.**

Tú vas a leer el libro.
**You're going to read
the book.**

Ustedes leen
el periódico.
**You read the
newspaper.**

Yo leeré las notas.
**I will (I'll) read
the notes.**

Ellos están
leyendo la carta.
**They're reading
the letter.**

Ustedes están
leyendo el aviso.
**You (plural) are
reading the notice.**

EL VERBO TO ANSWER
(RESPONDER)

*Aprendamos el verbo **to answer** (responder) con los siguientes ejemplos:*

Tú no respondes en clase.

You don't answer in class.

Él va a responder a la niñera.

He's going to answer the nanny.

Nosotros te respondemos.

We answer you.

Yo voy a responder la carta.

I'm going to answer the letter.

Ellas están respondiendo bien.

They're answering well.

Ellos responderán pronto.

They will (They'll) answer soon.

UNIDAD 154 — EL VERBO TO ASK (PREGUNTAR)

*Aprendamos el verbo **to ask** (preguntar) con los siguientes ejemplos:*

Yo pregunto
al profesor.
I ask the teacher.

Él preguntará todo.
He will (he'll) ask everything.

Ellos preguntarán

Él pregunta a
su abuelo.
He asks his grandfather.

eso.
They will (they'll) ask that.

Nosotros vamos a
preguntar a la
operadora.
We're going to ask the operator.

UNIDAD 155 — EL VERBO TO WRITE (ESCRIBIR)

*Aprendamos el verbo **to write** (escribir) con los siguientes ejemplos:*

Tú escribes
una carta.
**You write
a letter.**

Ellos están
escribiendo
una palabra.
**They're writing
a word.**

Nosotros vamos a
escribir ahora.
**We're going to
write now.**

Ella escribe
en el papel.
**She writes on
the paper.**

Yo escribiré frases.
**I will (I'll) write
some phrases.**

UNIDAD 156

LAS PROFESIONES Y LOS PUESTOS DE TRABAJO

Aprendamos las palabras relacionadas con las profesiones y los puestos de trabajo:

Abogado · **Lawyer**

Doctor · **Doctor**

Profesor · **Teacher**

Ingeniero · **Engineer**

Arquitecto · **Architect**

Sastre · **Taylor**

Jefe · **Boss**

Cajero · **Cashier**

Recepcionista

Receptionist

Gerente · **Manager**

Camarero · **Waiter**

Contador · **Accountant**

Técnico · **Technician**

Costurera · **Seamstress**

Mucama · **Maid**

Cocinero · **Cook**

Vendedor · **Salesman**

UNIDAD 157 — LAS PARTES DEL CUERPO

Aprendamos las partes del cuerpo.

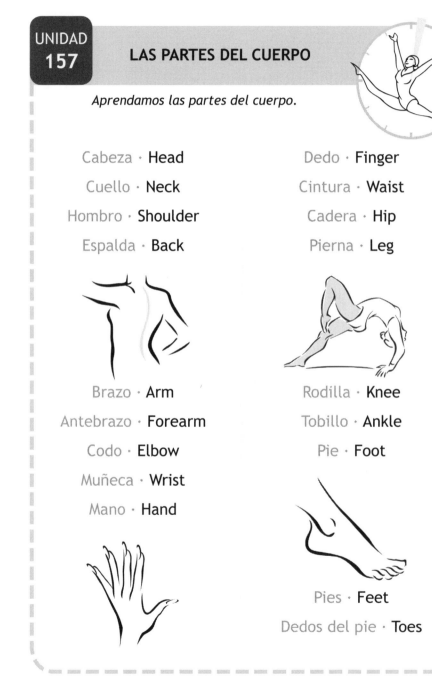

Cabeza · **Head**

Cuello · **Neck**

Hombro · **Shoulder**

Espalda · **Back**

Brazo · **Arm**

Antebrazo · **Forearm**

Codo · **Elbow**

Muñeca · **Wrist**

Mano · **Hand**

Dedo · **Finger**

Cintura · **Waist**

Cadera · **Hip**

Pierna · **Leg**

Rodilla · **Knee**

Tobillo · **Ankle**

Pie · **Foot**

Pies · **Feet**

Dedos del pie · **Toes**

UNIDAD 158 — LA CORTESÍA (NUESTROS ERRORES MÁS FRECUENTES)

Para algunos extranjeros es normal saludar en todos los lugares.

En Estados Unidos las personas no están acostumbradas a saludar en los lugares públicos, como, por ejemplo, en las oficinas médicas o en los elevadores. En una ciudad grande, donde todos van acelerados, es posible que nadie te salude; pero no lo puedes tomar a mal. ¡Hay que aceptarlo así!

UNIDAD 159 — HABRÁ

Habrá se dice en inglés:

There will be

Por ejemplo:

Habrá una fiesta mañana.
There will be a party tomorrow.

Habrá bastante gente el viernes.
There will be a lot of people on Friday.

Habrá muchos juguetes en la tienda.
There will be many toys in the store.

¡Escucha y practica los audios en la web del curso!

UNIDAD 160

NO HABRÁ

*Cuando quieres usar la frase **no habrá** en inglés, dirás: **There will not be** que al contraerse se dirá: **There won't be**.*

Por ejemplo:

No habrá ningún juguete en la tienda.
There won't be any toys in the store.

No habrá dulces en el cajón.
There won't be any candies in the drawer.

No habrá libros · **There won't be any books.**

UNIDAD 161

¿HABRÁ?

*Para preguntar usando **habrá**, colocamos el auxiliar **will** delante de «there» y decimos:*

¿Habrá? · **Will there be?**

¿Habrá bastante gente?
Will there be a lot of people?

¿Habrá invitados en la casa?
Will there be guests in the house?

¿Habrá sodas? · **Will there be sodas?**

UNIDAD 162

LOS MUEBLES

Aprendamos las palabras relacionadas con los muebles:

Mesa · **Table**

Silla · **Chair**

Sofá · **Couch**

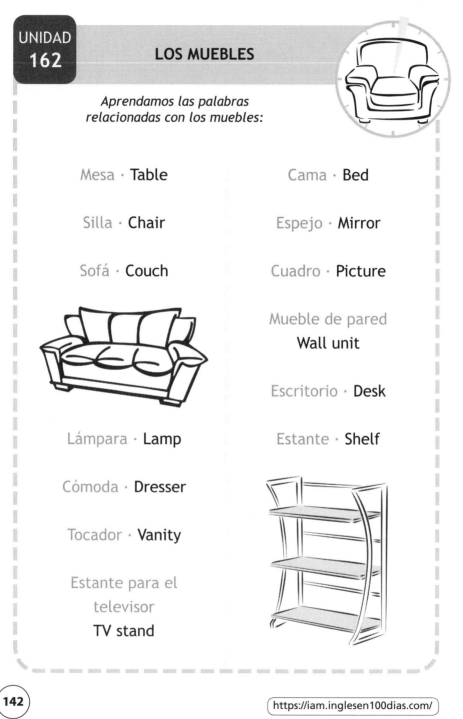

Lámpara · **Lamp**

Cómoda · **Dresser**

Tocador · **Vanity**

Estante para el televisor
TV stand

Cama · **Bed**

Espejo · **Mirror**

Cuadro · **Picture**

Mueble de pared
Wall unit

Escritorio · **Desk**

Estante · **Shelf**

¡Escucha y practica los audios en la web del curso!

UNIDAD 163

EL IMPERATIVO

Usamos el imperativo para dar una orden o pedir algo.

Para formar el imperativo no mencionamos al sujeto. Por ejemplo:

¡Abre la ventana!

Open the window!

¡Cierren la puerta!

Close the door!

¡Prepara la comida!

Prepare the meal!

¡Lava la ropa!

Wash the clothes!

¡Cocina la carne!

Cook the meat!

¡Ayudénme!

Help me!

UNIDAD 164

EL IMPERATIVO LET'S

Let's es una forma imperativa que incluye al hablante. Se coloca antes del verbo en infinitivo.

Por ejemplo:

Vayamos. **Let's go.**

Hagamos el trabajo.
Let's do the job.

Cocinemos. **Let's cook.**

Vayamos al cine.
Let's go to the movies.

Estudiemos inglés.
Let's study English.

Miremos la tele.
Let's watch TV.

UNIDAD 165

VERBOS (PASADO)

En pasado simple hemos de tener en cuenta si el verbo es regular o irregular. Generalmente, los **verbos regulares** son aquellos que añaden «-ed» al infinitivo del verbo para formar el pasado. Los verbos irregulares. Los **verbos irregulares** son aquellos que cambian su forma verbal cuando se usan en tiempo pasado. En inglés, a diferencia del español, los pronombres personales no afectan la terminación verbal.

UNIDAD 166 — SER / ESTAR (PASADO)

*Aprendamos el verbo **to be** (ser/estar) en pasado:*

Yo fui o estuve · **I was**

Tú fuiste o estuviste / Usted estuvo · **You were**

Él / ella fue o estuvo · **He / she was**

(Para animales o cosas) Fue o estuvo · **It was**

Nosotros fuimos o estuvimos · **We were**

Ustedes fueron o estuvieron · **You were**

Ellos / Ellas fueron o estuvieron · **They were**

UNIDAD 167 — SER / ESTAR - PASADO (AFIRMATIVO)

*Practiquemos los siguientes ejemplos usando el verbo **to be** (ser / estar) en pasado:*

El viaje fue corto.
The trip was short.

Ellos estuvieron contentos.
They were happy.

Ellos fueron muy amables.
They were very kind.

La puerta estuvo cerrada.
The door was closed.

Ayer estuve enfermo.
I was sick yesterday.

UNIDAD 168

SER / ESTAR - PASADO
(NEGATIVO)

*El negativo del verbo **to be** (ser/estar) en pasado se forma agregando **not** después del verbo:*

I was not · **I wasn't**

You were not · **You weren't**

Por ejemplo:

Él no fue contador.
He wasn't an accountant.

El viaje no fue largo.
The trip wasn't long.

Ella no estuvo en su casa.
She wasn't at home.

No estuvieron contentos.
They weren't happy.

UNIDAD 169

SER / ESTAR - PASADO
(PREGUNTAS)

*Para preguntar con el verbo **to be** (ser/estar) en pasado, colocas **was** o **were** delante del sujeto:*

Practiquemos las siguientes frases:

¿Fueron ellos inteligentes? · **Were they smart?**

¿Fue largo el viaje? · **Was the trip long?**

¿Estuvo ella tarde? · **Was she late?**

¿Estuvieron ustedes contentos? · **Were you happy?**

¡Escucha y practica los audios en la web del curso!

UNIDAD 170

RESPUESTAS CORTAS CON EL VERBO SER / ESTAR (PASADO)

Aprendamos a responder de manera más rápida, usando respuestas cortas con el verbo **to be** (ser / estar) en pasado. Por ejemplo:

¿Fue interesante la película?
Was the movie interesting?

Sí, lo fue.
Yes, it was.

¿Estuvieron ellos en casa?
Were they at home?

No, no estuvieron.
No, they weren't.

¿Estaba él allí?
Was he there?

Sí, lo estaba.
Yes, he was.

¡Escucha y practica los audios en la web del curso!

UNIDAD 171

VERBOS REGULARES (PASADO)

Los verbos regulares forman el pasado añadiendo «-ed» (o «-d» si el verbo acaba en «e») al infinitivo del verbo

Por ejemplo:

Yo ayudo.
I help.

Yo ayudé.
I helped.

Tú trabajas.
You work.

Tú trabajaste.
You worked.

Los verbos acabados en «y» precedida de vocal añaden «-ed», pero si la «y» va precedida de una consonante, ésta cambia a «i» antes de añadir «-ed». Por ejemplo:

Yo jugué al tenis / I played tennis.

Ella estudiaba geografía /
She studied geography.

UNIDAD 172

VERBOS REGULARES - PASADO
(EJEMPLOS)

Practiquemos los verbos regulares con algunos ejemplos:

Ella lo amó antes.

**She loved
him before.**

Tú recordaste
todo ayer.

**You remembered
everything yesterday.**

Yo terminé
de trabajar.

I finished working.

Ellos vivieron
muchos años.

They lived many years.

Nosotros
mostrábamos casas
el año pasado.

**We showed
houses last year.**

UNIDAD 173 · DANDO INSTRUCCIONES PARA LLEGAR A UN LUGAR

Cuando das instrucciones para llegar a un lugar, dices:

Derecho
Straight ahead

Derecha · **Right**

Al final
At the end

Vaya derecho
Go straight ahead

Doble a la derecha
Turn right

Cruce la calle
Go across the street

Izquierda · **Left**

En la esquina
On the corner

Tome la salida
Take the exit

UNIDAD 174 · DANDO INSTRUCCIONES (EJEMPLOS)

Para preguntar cómo llegar a un lugar, dices:

¿Cómo puedo llegar a... ?
How do I get to... ?

¿Cómo puedo llegar al hotel?
How do I get to the hotel?

Puedes responder diciendo:

Mi casa está a la izquierda.
My house is on the left.

El parque está a la derecha.
The park is on the right.

Tome la salida catorce.
Take exit fourteen.

¡Escucha y practica los audios en la web del curso!

EL VERBO TO LOOK (MIRAR)

*El verbo **to look**, con el significado «mirar», siempre va seguido de la preposición **at**.*

Aprendamos el verbo **to look** con los siguientes ejemplos:

Ella mira las fotos.
She looks at the photos.

Ellos están mirando el mar.
They're looking at the sea.

Nosotros vamos a mirar el cuadro.
We're going to look at the picture.

Él mirará a su perro.
He'll look at his dog.

Yo miré a mi amigo.
I looked at my friend.

UNIDAD 176

EL VERBO TO STUDY
(ESTUDIAR)

*Aprendamos el verbo **to study** (estudiar) con los siguientes ejemplos:*

Él estudia inglés.
He studies English.

Nosotros estamos estudiando la lección.
We're studying the lesson.

Yo voy a estudiar para el examen.
I'm going to study for the test.

Ella estudiará eso.
She'll study that.

Ellos estudiaron ayer.
They studied yesterday.

UNIDAD 177

VERBOS IRREGULARES - SONIDO OU (PASADO)

Los verbos irregulares son aquellos cuya forma no cambia, o cambia parcial o totalmente en el pasado, con respecto al infinitivo

.

Aprendamos los verbos irregulares que en pasado tienen el sonido **ou**:

Yo hablo

I speak

Yo hablé / hablaba

I spoke

Ella compra
She buys

Ella compró / compraba
She bought

Tú conduces
You drive

Tú condujiste / conducías

You drove

Nosotros rompemos
We break

Nosotros rompimos / rompíamos
We broke

Ellos se levantan
They wake up

Ellos se levantaron / levantaban
They woke up

UNIDAD 178

VERBOS IRREGULARES QUE CAMBIAN UNA LETRA (PASADO)

Los verbos irregulares son aquellos cuya forma no cambia, o cambia parcial o totalmente en el pasado, con respecto al infinitivo.

Aprendamos los verbos irregulares que en pasado cambian o se les agrega una letra:

Yo aprendo

I learn

Yo aprendí / aprendía

I learned

He gives

Él dio / daba

He gave

Tú vienes

You come

Tú viniste / venías

You came

Nosotros sabemos

We know

Nosotros supimos / sabíamos

We knew

Ellos hacen

They make

Ellos hicieron / hacían

They made

UNIDAD 179

VERBOS IRREGULARES QUE NO CAMBIAN (PASADO)

Los verbos irregulares son aquellos cuya forma no cambia, o cambia parcial o totalmente en el pasado, con respecto al infinitivo.

Aprendamos los verbos irregulares que en pasado no cambian:

Yo corto / corté / cortaba
I cut

Tú lastimas / lastimaste / lastimabas
You hurt

Nosotros dejamos / dejamos / dejábamos
We let

El verbo **to read**

(leer) tampoco cambia, pero se pronuncia diferente en pasado:

Yo leo / **I read**

Yo leí / leía
I read

UNIDAD 180

VERBOS IRREGULARES - PASADO
(EJEMPLOS)

Practiquemos los siguientes verbos irregulares en pasado:

Encontraste las llaves.
You found the keys.

Ustedes hablaron mucho.
You spoke a lot.

Ella rompió el plato.
She broke the dish.

Ella vino a la fiesta.
She came to the party.

Ella hizo una torta.
She made a cake.

Ella los dejó pasar.
She let them in.

Nosotros leímos.
We read.

UNIDAD 181

HABLANDO DEL TRABAJO

Para hacer preguntas sobre el trabajo, dices:

¿Qué haces?
What do you do?

¿Cuál es tu trabajo?
What's your job?

Para responder, dices:

Soy enfermera.
I'm a nurse.

Trabajo en Pizza Party.
I work for Pizza Party.

Soy maestro.
I'm a teacher.

Trabajo en Big Apple.
I work for Big Apple.

Trabajo como cocinero.
I work as a cook.

UNIDAD 182

LOS ALIMENTOS

Aprendamos las palabras relacionadas con los alimentos:

Verduras / **Vegetables**

Lechuga / **Lettuce**

Tomate / **Tomato**

Cebolla / **Onion**

Zanahoria / **Carrot**

Aguacate / **Avocado**

Pimiento / **Pepper**

Papa / **Potato**

Frijoles / **Beans**

Carne / **Meat**

Pollo / **Chicken**

Cerdo / **Pork**

Pescado / **Fish**

Mariscos / **Seafood**

Fruta / **Fruit**

Manzana / **Apple**

Banana / **Banana**

Uvas / **Grapes**

Fresa / **Strawberry**

Cereza. **Cherry.**

Piña. **Pineapple.**

¡Escucha y practica los audios en la web del curso!

UNIDAD 183

ORDENANDO EN EL RESTAURANTE

Cuando tienes hambre o sed, dices:

Tengo hambre.
I'm hungry.

Tengo sed.
I'm thirsty.

Para pedir, dices:

Pediré una ensalada.
I'll have a salad.

Quisiera un pollo asado.
I'd like a grilled chicken.

Probaré un pastel.
I'll try a piece of cake.

El camarero puede preguntar:

¿Puedo ayudarle?
May I help you?

¿Qué van a pedir?
What would you like to order?

UNIDAD 184

LOS NÚMEROS DEL 2.000 AL 19.000

Aprendamos los números del 2.000 al 19.000

Dos mil
Two thousand

Siete mil
Seven thousand

Tres mil
Three thousand

Ocho mil
Eight thousand

Cuatro mil
Four thousand

Cinco mil
Five thousand

Nueve mil
Nine thousand

Seis mil
Six thousand

Diez mil
Ten thousand

Once mil
Eleven thousand

Practiquemos los siguientes números:

Doce mil
Twelve thousand

Diecinueve mil
Nineteen thousand

UNIDAD 185

LOS NÚMEROS DEL 20.000 AL 100.000

Aprendamos ahora los números del 20.000 al 100.000:

Veinte mil
Twenty thousand

Treinta mil
Thirty thousand

Cuarenta mil
Forty thousand

Cincuenta mil
Fifty thousand

Sesenta mil
Sixty thousand

Setenta mil
Seventy thousand

Ochenta mil
Eighty thousand

Noventa mil
Ninety thousand

Cien mil
One hundred thousand

UNIDAD 186

LOS NÚMEROS DEL 200.000 A MIL MILLONES

*Aprendamos ahora los números
del 200.000 a mil millones.*

Doscientos mil
**Two hundred
thousand**

Trescientos mil
**Three hundred
thousand**

Cuatrocientos mil
**Four hundred
thousand**

Quinientos mil
**Five hundred
thousand**

Seiscientos mil
**Six hundred
thousand**

Setecientos mil
**Seven hundred
thousand**

Ochocientos mil
**Eight hundred
thousand**

Novecientos mil
**Nine hundred
thousand**

Un millón / **One million**

Mil millones / **One billion**

¡Escucha y practica los audios en la web del curso!

UNIDAD 187

EL AUXILIAR DID (NEGATIVO)

*Para formar una frase negativa en el pasado, usamos el auxiliar **did**, seguido de **not** (did not / didn't), y el verbo principal en presente.*

Por ejemplo:

Él no se fue.
He didn't leave.

Yo no fui.
I didn't go.

Ellos no miraron.
They didn't watch.

Yo no compré.
I didn't buy.

Yo no la invité.
I didn't invite her.

UNIDAD 188

EL AUXILIAR DID (PREGUNTAS)

*Para hacer preguntas en pasado se coloca el auxiliar **did** delante del sujeto, que irá precediendo al verbo en infinitivo:*

¿Compraste aquellos zapatos?
Did you buy those shoes?

¿Se fue él?
Did he leave?

¿Miraron ellos televisión?
Did they watch TV?

¿La invitaste?
Did you invite her?

¿Fuiste a la tienda?
Did you go to the store?

UNIDAD 189

EL VERBO TO WAIT
(ESPERAR)

*El verbo **to wait** (esperar) va siempre seguido de la preposición **for**.*

*Aprendamos el verbo **to wait** con los siguientes ejemplos:*

Yo espero el autobús.
I wait for the bus.

El está esperando a John.
He's waiting for John.

Nosotros vamos a esperar al jefe.
We're goingt to wait for the boss.

Ella esperó el tren.
She waited for the train.

UNIDAD 190

EL VERBO TO TAKE
(TOMAR, LLEVAR)

*Aprendamos el verbo **to take** (tomar, llevar), con los siguientes ejemplos:*

Yo estoy tomando el metro ahora.
I'm taking the subway now.

Ustedes van a tomar el bolígrafo.
You're going to take the pen.

Ellos llevarán a su tía.
They'll take their aunt.

El tomó el examen.
He took the test.

Ellas tomaron el taxi.
They took the cab.

UNIDAD 191

EL VERBO TO HELP (AYUDAR)

*Aprendamos el verbo **to help** (ayudar) con los siguientes ejemplos:*

Ella ayuda a su hermana.
She helps her sister.

Nosotros vamos a ayudarlos.
We're going to help them.

Ustedes están ayudando a su hijo.
You're helping your son.

Él ayudará a su amigo.
He'll help his friend.

Yo ayudé a Martha. **/ I helped Martha.**

UNIDAD 192

EL VERBO TO BUY (COMPRAR)

*Aprendamos el verbo **to buy** (comprar) con los siguientes ejemplos:*

Yo compro una botella de vino.
I buy a bottle of wine.

Tú comprarás comida.
You'll buy some food.

Ella compró un vestido.
She bought a dress.

Ustedes van a comprar un auto moderno.
You're going to buy a modern car.

Ellos compraron unos boletos.
They bought some tickets.

UNIDAD 193 — ADVERBIOS

Los adverbios son palabras que actúan como modificadores, entre otros, de los verbos

Los adverbios pueden ocupar diferentes posiciones, pero, normalmente siguen al verbo

Mañana
Tomorrow.

Bien
Well

Viajo mañana.
I'm traveling tomorrow.

Tú estás bien.
You're well.

Hoy
Today

A veces
Sometimes

Hace calor hoy.
It's hot today.

A veces vamos al cine.
We sometimes go to the movies.

UNIDAD 194 — ADVERBIOS TERMINADOS EN -LY

*La terminación -**ly** de algunos adverbios equivale a la terminación -**mente** en español.*

*Aprendamos algunos adverbios con la terminación -**ly**:*

Cuidadosamente · **Carefully**

Exactamente · **Exactly**

Finalmente · **Finally**

Lentamente · **Slowly**

Perfectamente · **Perfectly**

Rápidamente · **Quickly**

Por ejemplo:

Finalmente iré al doctor.
I will finally go to the doctor.

cuidadosamente.
I drive carefully.

Ellos hacen su trabajo perfectamente.
They do their job perfectly.

UNIDAD 195

ADVERBIOS DE LUGAR

Los adverbios de lugar indican el lugar donde tiene lugar la acción.

Aprendamos algunos adverbios que indican lugar:

Cerca · **Near / Nearby**

Lejos · **Far**

Aquí / Acá · **Here**

Allí / Allá · **There**

Por ejemplo:

La tienda está cerca.
The store is nearby.

La playa está lejos de aquí.
The beach is far from here.

Pedro está aquí.
Peter is here.

Marilú está allá.
Marilú is there.

UNIDAD 196

ADVERBIOS DE TIEMPO

Los adverbios de tiempo indican el momento en el que tiene lugar la acción

.

Ayer · **Yesterday**

Hoy · **Today**

Ahora · **Now**

Mañana · **Tomorrow**

Aprendamos algunos adverbios que indican tiempo:

Por ejemplo:

Ayer fui al banco.
I went to the bank yesterday.

Regresaré la próxima semana.
I'll be back next week.

El estuvo aquí hace dos meses.
He was here two months ago.

UNIDAD 197

ADVERBIOS DE FRECUENCIA

Los adverbios de frecuencia indican la frecuencia con la que tiene lugar la acción.

Aprendamos algunos adverbios de frecuencia:

Practiquemos con algunos ejemplos:

Siempre
Always

A menudo
Often

Jeanny siempre va a la piscina.
Jeanny always goes to the pool.

Usualmente
Usually

A veces
Sometimes

Nosotros vamos a la playa a menudo.
We often go to the beach.

Pocas veces
Seldom

Nunca
Never

UNIDAD 198

SOLÍA...

Usamos I used to, que significa solía cuando hablamos sobre hábitos que teníamos en el pasado. Generalmente, comenzamos diciendo «Cuando...»:

Cuando tenía 22 años, solía andar en moto.

When I was 22, I used to ride a motorcycle.

Cuando vivía en Nueva York solía tomar el metro

When I was living in New York I used to take the subway

UNIDAD 199

SOLÍA... (AFIRMATIVO)

Practiquemos I used to... (solía) con los siguientes ejemplos:

Cuando estaba casado, solía visitar a mis suegros.

When I was married, I used to visit my parents in-law.

Cuando dormía, solía soñar con ella.

When I slept, I used to dream of her.

UNIDAD 200

SOLÍA... (NEGATIVO Y PREGUNTAS)

*Para hacer preguntas y negaciones con **I used to**, usamos el auxiliar **did**(n't) y un verbo en infinitivo.*

Por ejemplo:

¿Solías andar en moto?
Did you use to ride your motorcycle?

Yo no solía pasear a mi perro.
I didn't use to walk my dog.

UNIDAD 201

HUBO

*Aprendamos la expresión **hubo (había)**, que equivale a **there was / there were**:*

Decimos **there was** cuando nos referimos a una sola cosa:

Hubo mucho tránsito.
There was a lot of traffic.

Hubo un accidente.
There was an accident.

Decimos **there were** cuando nos referimos a varias cosas:

Hubo muchos problemas.
There were many problems.

UNIDAD 202

NO HUBO

*Para formar una frase negativa usando **there was** o **there were**, le agregamos **not** y decimos:*

No hubo /
No había

There wasn't
There weren't

Por ejemplo:

No hubo mucho tránsito.
There wasn't a lot of traffic.

No hubo un accidente.
There wasn't any accident.

No hubo muchos problemas.
There weren't many problems.

UNIDAD 203

¿HUBO?

*Para hacer preguntas con **there was** o **there were**, invertimos el orden de estas dos palabras*

¿Hubo? / ¿Había?

Was there?

Were there?

Por ejemplo:

¿Hubo mucho tránsito?
Was there a lot of traffic?

¿Hubo un accidente?
Was there an accident?

¿Hubo muchos problemas?
Were there many problems?

UNIDAD 204

LA CASA

Aprendamos las palabras relacionadas con la casa:

Sala
Living room

Comedor
Dining room

Cocina
Kitchen

Baño
Bathroom

Dormitorio
Bedroom

Lavandería
Laundry room

Jardín
Garden

Practiquemos las siguientes frases:

Esta es la sala.
This is the living room.

Esta es la cocina.
This is the kitchen.

El baño está allí.
The bathroom is there.

Esos son los dormitorios.
Those are the bedrooms.

¡Escucha y practica los audios en la web del curso!

UNIDAD 205

PREGUNTANDO LA FECHA DE NACIMIENTO

Para preguntar la fecha de nacimiento, dices:

Por ejemplo:

¿Cuándo naciste?
When were you born?

Nací en abril.
I was born in April.

¿Cuándo nació él?
When was he born?

El nació en agosto.
He was born in August.

Cuando respondes, dices:

I was born...
Nací ...

¡Escucha y practica los audios en la web del curso!

UNIDAD 206 — PREGUNTANDO LA NACIONALIDAD

Para saber la nacionalidad de alguien, preguntas:

¿De dónde eres?
Where are you from?

Para responder, dices:

Soy japonés.
I am Japanese.

También puedes preguntar:

¿De dónde vienes?
Where do you come from?

Para responder, dices:

Vengo de Guatemala.
I come from Guatemala.

Para saber el idioma que alguien habla, preguntas:

What language do you speak?

Para responder, dices:

Hablo francés.
I speak French.

UNIDAD 207 — PROBLEMAS DE COMPRENSIÓN

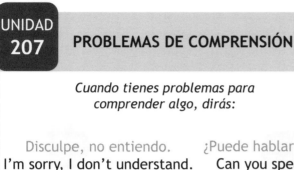

Cuando tienes problemas para comprender algo, dirás:

Disculpe, no entiendo.
I'm sorry, I don't understand.

¿Puede hablar más lentamente?
Can you speak more slowly?

¿Qué significa «terrific»?
What does «terrific» mean?

¿Puede hablar más fuerte?
Could you speak louder?

Significa «fantástico».
It means «great».

¿Puedes repetir, por favor?
Could you repeat that, please?

UNIDAD 208 — FALSOS COGNADOS

Aprendamos los siguientes falsos cognados:

Discussion
Conversación
En inglés, *discusión*
se dice *argument*.

Exit / Salida
En inglés, *éxito*
se dice *success*.

Embarrassed
Avergonzado
En inglés, *embarazada*
se dice *pregnant*.

Idiom / Expresión
idiomática, frase hecha.
En inglés, *idioma*
se dice *language*.

UNIDAD 209

STILL, YET

*Las palabras **still** y **yet** significan **todavía**.*

Se usan generalmente con el tiempo presente perfecto. Colocamos **still** después del pronombre personal, mientras que **yet** va al final de una frase.
Por ejemplo:

Todavía escribo libros de terror
I still write horror books

Todavía no has recibido la carta.
You haven't received the letter, yet.

UNIDAD 210

ALREADY, YET

*La palabra **already** significa **ya** y se usa en frases afirmativas:*

Ella ya ha terminado.
She has already finished.

La palabra **yet** significa **todavía** y se usa en negaciones y preguntas:

Ella no ha terminado todavía.
She has not finished yet.

¿Ella ha terminado ya?
Has she finished yet?

UNIDAD 211 — SINCE, FOR

*La palabra **since** significa **desde**. Indica el comienzo de la acción que se describe.*

*La palabra **for** significa **durante**, e indica la duración de una acción. Por ejemplo:*

Yo he vivido en Miami desde 1999.
I've lived in Miami since 1999.

Él ha trabajado aquí durante un año.
He's worked here for a year.

UNIDAD 212 — EVER, NEVER

*La palabra **ever** significa **alguna vez**, y se usa en preguntas:*

¿Has visto alguna vez a ese actor?
Have you ever seen that actor?

Para responder negativamente, usamos **never** que significa **nunca**:

¿Has viajado a Perú alguna vez?
Have you ever traveled to Peru?

No, nunca he viajado al Perú.
No, I have never traveled to Peru.

UNIDAD 213

PALABRAS INTERROGATIVAS

Aprendamos las siguientes palabras interrogativas:

¿Qué?
What?

¿Por qué? / ¿Para qué?
Why?

¿Qué? / ¿Cuál?
Which?

¿A quién?
Whom? / To whom?

¿Quién?
Who?

¿De quién?
Whose?

¿Dónde?
Where?

¿Cuándo?
When?

¿Cuánto?
How much?

¿Cómo?
How?

¿Cuántos?
How many?

UNIDAD 214

WHAT?

*Practiquemos la palabra interrogativa **what** (qué) con los siguientes ejemplos:*

¿Qué es?
What is it?

¿Qué tal?
What's up?

¿Qué es eso?
What is that?

¿Qué pasa?
What happens?

¿Qué hay allí?
What is there?

¿Qué dice él?
What does he say?

UNIDAD 215

WHO?

*Practiquemos la palabra interrogativa **who** (quién) con los siguientes ejemplos:*

¿Quién es? / **Who is it?**

¿Quiénes son?
Who are they?

¿Quién llama?
Who's calling?

¿Quién viene?
Who's coming?

¿Quiénes están en la lista?
Who is on the list?

¿Quién habla?
Who's speaking?

¿Quién juega hoy?
Who's playing today?

UNIDAD 216 — HOW?

*Practiquemos la palabra interrogativa **how** (cómo) con los siguientes ejemplos:*

¿Cómo estás?
How are you?

¿A qué distancia está el lago?
How far is the lake?

¿Cómo vienes?
How are you coming?

¿Hace cuánto tiempo vives aquí?
How long have you been living here?

UNIDAD 217 — WHEN?

*Practiquemos la palabra interrogativa **when** (cuándo) con los siguientes ejemplos:*

¿Cuándo regresas? / **When are you coming back?**

¿Cuándo te vas? / **When are you leaving?**

¿Cuándo es el concierto? / **When is the concert?**

¿Cuándo terminan (ustedes) el proyecto?
When are you finishing the project?

UNIDAD 218

WHERE?

*Practiquemos la palabra interrogativa **where** (dónde) con los siguientes ejemplos:*

¿Dónde está el plato?
Where is the dish?

¿Dónde está la herramienta?
Where is the tool?

¿Dónde están las cucharas?
Where are the spoons?

¿Dónde están los baños?
Where are the restrooms?

¿Dónde está la cafetería?
Where is the lunch room?

UNIDAD 219

WHY?

*Practiquemos la palabra interrogativa **why** (por qué) con los siguientes ejemplos:*

¿Por qué fuiste a la farmacia?
Why did you go to the drugstore?

Y para responder, dices:

¿Por qué fuiste al centro comercial?
Why did you go to the mall?

Porque quería comprar medicinas.
Because I wanted to buy some medicines.

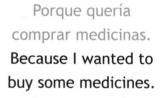

Porque tenía que comprar una blusa.
Because I had to buy a blouse.

UNIDAD 220

HOW MANY?, HOW MUCH?

*How puede combinarse con otras palabras
para hacer preguntas.*

Por ejemplo:

¿Cuánto?
How much?

¿Cuántos?
How many?

Practiquemos
las siguientes frases:

¿Cuánto cuesta eso?

How much does it cost?

¿Cuánta sal hay?

How much salt is there?

¿Cuántos días

te quedas aquí?

How many days

are you staying here?

¿Cuántos hijos tienes?

How many children

do you have?

WHAT y HOW EN EXCLAMACIONES

Cuando quieres expresar algo con sorpresa, dices:

¡Qué bonito!
How nice!

Me gusta.
I like it.

¡Qué hermoso!
How beautiful!

Me gusta mucho.
I like it very much.

¡Qué hermoso jardín!
What a beautiful garden!

Me encanta.
I love it.

¡Qué bonita cocina!
What a nice kitchen!

Me gusta tu jardín.
I like your garden.

Me encanta tu casa.
I love your house.

UNIDAD 222

HOW OFTEN?

Para saber con qué frecuencia sucede algo, preguntas:

¿Con qué frecuencia?
How often?

¿Con qué frecuencia viajas?
How often do you travel?

Para responder, dices:

Una vez · **Once**
Dos veces · **Twice**

Cuando la frecuencia es mayor, usas la palabra times *que significa veces:*

Tres veces
Three times

Diez veces
Ten times

UNIDAD 223

HOW FAR?, HOW LONG?

How puede combinarse con otras palabras para hacer preguntas. Por ejemplo:

¿Cuánto tiempo?
How long?

¿Cuánto tiempo te quedas?
How long are you staying?

¿Cuánto tiempo estuviste allá?
How long did you stay there?

¿A qué distancia?
How far?

¿A qué distancia está el hotel?
How far is the hotel?

¿A qué distancia está Texas?
How far is Texas?

UNIDAD 224 — EN LA FARMACIA

Aprendamos las siguientes palabras que usamos cuando estamos en la farmacia:

Desinfectante
Disinfectant

Vendita adhesiva
Adhesive bandage

Antibiótico
Antibiotic

Aspirina
Aspirin

Medicamento para el resfriado
Cold medicine

Jarabe para la tos
Cough syrup

Pomada
Ointment

Calmante
Pain killer

Pastillas
Pills

Receta médica
Prescription

Termómetro
Thermometer

Algodón
Cotton

UNIDAD 225

ENFERMEDADES

Aprendamos a decir las siguientes enfermedades:

Asma / **Asthma**

Paperas / **Mumps**

Hepatitis / **Hepatitis**

Úlcera / **Ulcer**

Gripe / **Flu**

Resfrío / **Cold**

Indigestión / **Indigestion**

Alergia / **Allergy**

Diabetes / **Diabetes**

Hipertensión / **Hypertension**

Infección / **Infection**

Enfermedad de corazón / **Heart disease**

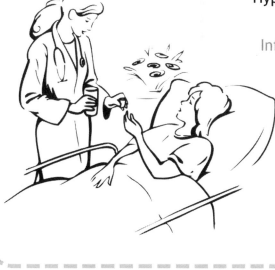

UNIDAD 226 — PROBLEMAS DE SALUD

Cuando tienes problemas de salud, dices:

Dolor · **Pain.**

Me duele · **It hurts.**

Me duele la cabeza.
I have a headache.

Me duele el estómago.
I have a stomachache.

Me duele la garganta.
I have a sore throat.

Me siento mareado.
I feel dizzy.

Tengo tos · **I have a cough.**

Tengo fiebre.
I have a fever.

Estornudo · **I sneeze.**

Estoy enfermo · **I'm sick.**

UNIDAD 227 — PRESENTACIONES Y EXPRESIONES DE CORTESÍA (DIÁLOGO)

MAN: Good afternoon.
WOMAN: Good afternoon sir. What is your name?
MAN: My name is Peter Jones.
WOMAN: Nice to meet you, Mr. Jones.
MAN: It's my pleasure.
WOMAN: How may I help you?
MAN: I would like to see doctor Wallace.
WOMAN: Do you have an appointment?
MAN: Yes, I do.
WOMAN: One moment, please.

UNIDAD 228 — PALABRAS INTERROGATIVAS (DIÁLOGO)

WOMAN: Good morning. What is your name?

MAN: My name is Robert Jones.

WOMAN: And, who are you?

MAN: I am the security guard of the company.

WOMAN: Where do you live?

MAN: I live in Brooklyn.

WOMAN: When did you start working?

MAN: I started two weeks ago.

WOMAN: How did you know about us?

MAN: I read your ad in the newspaper.

UNIDAD 229 — LA FAMILIA (DIÁLOGO)

WOMAN: Hello Jack.

MAN: Hi Helen. How are you doing?

WOMAN: Fine, thanks.

MAN: Let me show you the pictures of my family.

MAN: This is my father, that is my mother, this is my brother Tom,... and that is my sister Rachel.

WOMAN: You have a beautiful family.

MAN: Thanks Helen.

WOMAN: Well, see you later.

MAN: O.K. See you.

UNIDAD 230 — EL VERBO TENER (PASADO)

*Aprendamos el verbo **to have** (tener) en pasado:*

Yo tuve / tenía · **I had**

Tú tuviste / tenías · **You had**

Usted tuvo / tenía · **You had**

El tuvo / tenía · **He had**

Nosotros tuvimos /teníamos
We had

Ustedes tuvieron / tenían
You had

Ellos tuvieron / tenían
They had

UNIDAD 231 — EL VERBO TENER - PASADO (AFIRMATIVO)

*Practiquemos el verbo **to have** (tener) en pasado con algunos ejemplos:*

Yo tenía una tienda.
I had a store.

El tenía una casa.
He had a house.

Ellos tuvieron una oportunidad.
They had an opportunity.

Nosotros tuvimos un perro.
We had a dog.

Tú tenías un bote.
You had a boat.

UNIDAD 232

EL VERBO TENER - PASADO
(NEGATIVO)

*Para formar el negativo del verbo **to have** (tener), usamos el auxiliar **did**, seguido de **not** (did not / didn't) y el verbo principal en infinitivo:*

Yo no tuve.
I didn't have.

Él no tuvo tiempo.
He didn't have time.

Ella no tenía dinero.
She didn't have money.

UNIDAD 233

EL VERBO TENER - PASADO
(PREGUNTAS)

*Para preguntar con el verbo **to have** (tener), usaremos el auxiliar **did** delante del sujeto y el verbo en infinitivo:*

¿Tuviste?
Did you have?

Por ejemplo:

¿Tenías comida?
Did you have food?

¿Tenías tiempo?
Did you have time?

¿Tenían amigos?
Did they have any friends?

¡Escucha y practica los audios en la web del curso!

UNIDAD 234

PREGUNTAS REAFIRMATIVAS CON EL VERBO TO BE

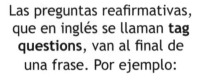

Las preguntas reafirmativas, que en inglés se llaman **tag questions**, van al final de una frase. Por ejemplo:

¿No es así?
¿Verdad?
¿No?

Era pelirroja, ¿verdad?
She was a redhead, wasn't she?

No es flaco, ¿no?
He's not thin, is he?

Si el verbo de la frase está en afirmativo, la pregunta estará en negativo, y viceversa. Si la frase está con el verbo to be, la pregunta también lo estará.

UNIDAD 235

PREGUNTAS REAFIRMATIVAS CON EL AUXILIAR DO

*Como ya estudiamos, las **tag questions** son las preguntas reafirmativas que van al final de una frase.*

Cuando la frase tiene verbos diferentes a **to be**, preguntamos con un auxiliar:

Él tiene ojos azules, ¿verdad?
He has blue eyes, doesn't he?

Ella no fue a la fiesta, ¿no?
She didn't go to the party, did she?

UNIDAD 236

EL PASADO CONTINUO

Usamos el pasado continuo para describir una acción que estaba ocurriendo en un determinado momento del pasado.

Este tiempo verbal se forma con el verbo **to be** (was / were en pasado) y otro verbo terminado en -**ing**. Por ejemplo:

Yo estuve durmiendo.
I was sleeping.

Estuviste comiendo.
You were eating.

Estuvo lloviendo.
It was raining.

UNIDAD 237

EL PASADO CONTINUO
(EJEMPLOS)

Practiquemos las siguientes frases con el tiempo pasado continuo:

Nosotros estábamos cenando a las 6.
We were having dinner at 6 o'clock.

Ellos estuvieron leyendo / **They were reading**

Yo estuve durmiendo cuando tú llamaste.
I was sleeping when you called.

Estuvo lloviendo cuando él se fue.
It was raining when he left.

UNIDAD 238
EL VERBO TO COME (VENIR)

*Aprendamos el verbo **to come** (venir)
con los siguientes ejemplos:*

Yo vengo a la casa.
I come home.

Ellos vendrán
de jugar básquetbol.
**They'll come from
playing basketball.**

Nosotros estamos
viniendo del aeropuerto.
**We're coming from
the airport.**

Tú viniste del jardín.
You came from the garden.

Ella estuvo viniendo temprano.
She was coming early.

UNIDAD 239
EL VERBO TO DRIVE
(CONDUCIR)

*Estudiemos el verbo **to drive** (conducir) con
los siguientes ejemplos:*

El conduce su auto.
He drives his car.

Yo conduje un camión.
I drove a truck.

Tú estás conduciendo
con cuidado.
You're driving carefully.

Nosotros estuvimos
conduciendo lentamente.
We were driving slowly.

Ustedes condujeron bien.
You drove well.

Yo estuve conduciendo
un autobús.
I was driving a bus

¡Escucha y practica los audios en la web del curso!

UNIDAD 240

EL VERBO TO FEEL (SENTIR)

*Aprendamos el verbo **to feel** (sentir) con los siguientes ejemplos:*

Me siento mareada.
I feel dizzy.

Ella se sintió bien.
She felt well.

Nosotros estamos sintiendo un movimiento.
We're feeling a movement.

Ustedes estuvieron sintiendo frío.
You were feeling cold.

Ellos van a sentir algo.
They'll feel something.

Yo no estuve sintiendo nada.
I wasn't feeling anything.

UNIDAD 241

EL VERBO TO FINISH (TERMINAR)

*Aprendamos el verbo **to finish** (terminar) con los siguientes ejemplos:*

Tú terminas tu trabajo.
You finish your work.

Yo voy a terminar de cortar madera.
I'm going to finish cutting some wood.

Ella termina de comer.
She finishes eating.

Ellos terminaron el diseño.
They finished the design.

Él estuvo terminando su tarea.
He was finishing his homework.

UNIDAD 242

LA ROPA

Aprendamos las palabras relacionadas con la ropa y accesorios de vestir:

Ropa / **Clothes**

Chaqueta / **Jacket**

Abrigo / **Coat**

Impermeable / **Raincoat**

Vestido / **Dress**

Blusa / **Blouse**

Suéter / **Sweater**

Camiseta / **T-shirt**

Camisa / **Shirt**

Pantalones / **Pants**

Pantalones cortos / **Shorts**

Falda / **Skirt**

Zapatos tenis / **Sneakers**

Zapatos / **Shoes**

Sombrero / **Hat**

Cinturón / **Belt**

Bufanda / **Scarf**

Pañuelo / **Handkerchief**

¡Escucha y practica los audios en la web del curso!

UNIDAD 243

LA CASA (DIÁLOGO)

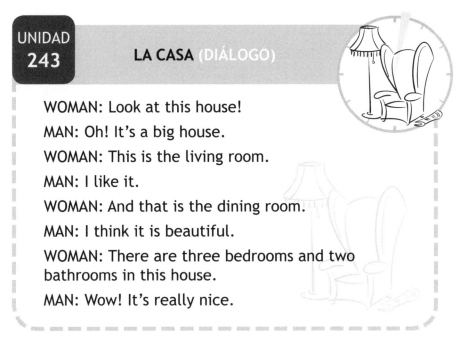

WOMAN: Look at this house!

MAN: Oh! It's a big house.

WOMAN: This is the living room.

MAN: I like it.

WOMAN: And that is the dining room.

MAN: I think it is beautiful.

WOMAN: There are three bedrooms and two bathrooms in this house.

MAN: Wow! It's really nice.

UNIDAD 244

LA COMIDA (DIÁLOGO)

MAN: Good morning. I would like one bag of onions and two cans of tomatoes.

WOMAN: Is that all?

MAN: No, I also want one bottle of milk and two pounds of beef.

WOMAN: The total is twenty-seven dollars.

MAN: Here you are.

WOMAN: Thank you.

MAN: Thank you. Good bye.

UNIDAD 245

LA ROPA (DIÁLOGO)

WOMAN: Hi. How may I help you?

MAN: I am looking for pants.

WOMAN: What color would you like?

MAN: I would like them in brown.

WOMAN: And, what size would you like?

MAN: I would like them in medium size.

WOMAN: Here you are.

MAN: Oh! Thank you. May I try them on?

WOMAN: Yes, of course. The fitting room is on the left.

UNIDAD 246

VERBOS COMPUESTOS
COME BACK, COME UP WITH

*Estudiemos el uso del verbo **come** como verbo compuesto:*

Regresar
Come back

¡Regresa pronto!
Come back soon!

Sugerir
Come up with

(Él) sugirió una idea muy buena.
He came up with a great idea.

UNIDAD 247

VERBOS COMPUESTOS COME FROM, COME ON

*Estudiemos el uso del verbo **come** como verbo compuesto:*

Venir · Come

Venir de un lugar (ciudad, país, región)
Come from

Venimos de Venezuela.
We come from Venezuela.

Pedirle a alguien que se apure, expresar algo.

Come on

¡Apúrate!
Salimos en 5 minutos.

Come on! We're leaving in 5 minutes.

¿Ganaste la lotería? ¡No es cierto!

You won the lottery? Come on!

UNIDAD 248

EL DIA DE ACCIÓN DE GRACIAS

Thanksgiving es la Fiesta de Acción de Gracias, una de las fiestas más celebradas en el país. Las familias se reúnen el cuarto jueves de noviembre y celebran, dando gracias por lo que tienen.

Se celebra desde 1621, cuando los primeros colonizadores o peregrinos puritanos (pilgrims) llegaron a Massachussets huyendo de la persecución religiosa en Inglaterra y fueron bien recibidos por los indios del área. Luego, los peregrinos organizaron una cena como agradecimiento a los indios y los invitaron.

UNIDAD 249

SONIDOS DE VOCALES Y DIPTONGOS - [a], [a:]

Aprendamos los siguientes sonidos:

Escucharás este sonido en palabras como:

[a]
como en
bus (bas)
Other

(áder) · Otro

Enough (ináf) · Suficiente

Flood (flad) · Inundación

Fun (fan) · Diversión

Escucharás este sonido en palabras como:

[a:]
como en
car (ka:r)

Bar (ba:r) · Bar

Lawn (la:n) · Césped

Daughter (dá:re:r) · Hija

Law (la:) · Ley

¡Escucha y practica los audios
en la web del curso!

SONIDOS DE VOCALES Y DIPTONGOS - [æ], [e]

Aprendamos los siguientes sonidos:

Escucharás este sonido
en palabras como:

[æ]
como en
back (bæk)

Cab (kæb) · Taxi

Hand (jænd) · Mano

Apple (æpel) · Manzana

Laugh (læf) · Reír

Escucharás este sonido
en palabras como:

[e]
como en
end (end)

Sell (sel) · Vender

Ten (ten) · Diez

Care (kér) · Cuidado

Again (egén) · Nuevamente

https://iam.inglesen100dias.com/

UNIDAD 251

SONIDOS DE VOCALES Y DIPTONGOS - [e], [e:]

Aprendamos los siguientes sonidos:

Escucharás este sonido en palabras como:

[e]
como en
excellent
(ékselent)

Ago (egóu). Atrás

Cousin (kásen). Primo

Nation (néishn). Nación

Famous (féimes). Famoso

Escucharás este sonido en palabras como:

[e:]
como en
learn (le:rn)
Person

(pe:rsen). Persona

Dessert (dizé:rt). Postre

Nurse (ne:rs). Enfermera

Work (we:rk). Trabajo

¡Escucha y practica los audios en la web del curso!

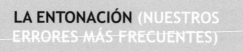

UNIDAD 252 — LA ENTONACIÓN (NUESTROS ERRORES MÁS FRECUENTES)

Entre los errores más frecuentes que cometemos los hispanos cuando hablamos inglés está la entonación. En inglés, la comprensión de una frase puede variar según donde le demos mayor entonación. Por ejemplo, cuando decimos «thank you», si ponemos la mayor fuerza de tono sobre «thank», estamos diciendo «gracias». En cambio, si la entonación es mayor sobre you, estamos diciendo «gracias a ti».

UNIDAD 253 — CONVERSACIÓN TELEFÓNICA

WOMAN: Hello, may I speak to Mr. Ragoo?

MAN: Who's calling, please?

WOMAN: This is Mrs. Sarandon.

MAN: He's not available. May I take a message?

WOMAN: No, thanks. I will call him back later.

¡Escucha y practica los audios en la web del curso!

UNIDAD 254

EL PARTICIPIO PASADO

*El participio pasado es la forma verbal que en español tiene la terminación -**ado**, -**ido**.*

Existen dos categorías verbales.

Los verbos regulares en participio pasado tienen la misma forma del pasado simple:	*Los verbos irregulares cambian su forma o mantienen la forma del infinitivo:*

Llamé · **I called**

Llamado · **Called**

Compré · **I bought**

Comprado · **Bought**

Hablé · **I spoke**

Hablado · **Spoken**

Supe · **I knew**

Sabido · **Known**

Vine · **I came**

Venido · **Come**

UNIDAD 255

VERBOS REGULARES
(PARTICIPIO PASADO)

*Recordemos que el participio pasado es la forma verbal que en español tiene la terminación -**ado**, -**ido**.*

Aprendamos algunos verbos regulares en participio pasado:

Yo llamé.
I called.

Nosotros enviamos.
We sent.

Llamado.
Called.

Enviado.
Sent.

Tú saliste.
You left.

Ustedes estudiaron.
You (plural) studied.

Salido.
Left.

El vivió.
He lived.

Vivido.
Lived.

Estudiado.
Studied.

VERBOS IRREGULARES
(PARTICIPIO PASADO)

Aprendamos la forma de participio pasado de otros verbos irregulares:

Yo estuve. **I was.**

Estado. **Been.**

Yo fui. **I went.**

Ido. **Gone.**

Yo hice. **I did.**

Hecho. **Done.**

Yo hablé. **I spoke.**

Hablado. **Spoken.**

Yo conduje. **I drove.**

Conducido. **Driven.**

Yo rompí. **I broke.**

Roto. **Broken.**

Yo escribí. **I wrote.**

Escrito. **Written.**

UNIDAD 257

EL PRESENTE PERFECTO

*Usamos el presente perfecto para describir situaciones del pasado que siguen sucediendo. Para formar el presente perfecto conjugamos el verbo **to have** en presente, que en este caso significa **haber**, y un verbo en participio pasado. Por ejemplo:*

Yo he vivido.
I have lived. I've lived.
Ella ha vivido.
She has lived. She's lived.

Yo he vivido en California por tres años.
I've lived in California for three years.

UNIDAD 258

EL PRESENTE PERFECTO
(AFIRMATIVO)

Practiquemos el presente perfecto con los siguientes ejemplos:

Yo he pagado mis impuestos. **I've paid my taxes.**

Ella ha viajado mucho. **She's traveled a lot.**

Él ha trabajado aquí desde el año pasado.
He's worked here since last year.

Nosotros hemos visto el programa.
We've watched the program.

Tú has comenzado a jugar. **You've started playing.**

UNIDAD 259

EL PRESENTE PERFECTO
(NEGATIVO)

*Para formar el presente perfecto negativo agregamos **not** entre **have** y el verbo en participio, y decimos:*

Yo no he vivido.
I have not lived.
I haven't lived.

El no ha jugado.
He hasn't played.

El no ha venido.
He has not come.
He hasn't come.

Ustedes no han visto la película.
You haven't watched the movie.

UNIDAD 260

EL PRESENTE PERFECTO
(PREGUNTAS)

*Para hacer preguntas, colocamos **have** o **has** delante del sujeto:*

¿Has visto?
Have you watched?

¿Ha visto ella?
Has she watched?

¿Has visto alguna vez a un actor famoso?
Have you ever seen a famous actor?

¿Ha estado ella alguna vez en Brasil?
Has she ever been to Brazil?

UNIDAD 261 — EL PRESENTE PERFECTO CONTINUO

Usamos el presente perfecto continuo cuando queremos enfatizar el tiempo que dura una acción que comenzó en el pasado y continúa en el presente.

Se forma agregando un verbo terminado en «-ing» al presente perfecto del verbo «*to be*»:

It's been raining.

She's been driving.

Por ejemplo:

Ha estado lloviendo toda la mañana.
It's been raining all morning.

UNIDAD 262 — EL PRESENTE PERFECTO CONTINUO (EJEMPLOS)

Practiquemos el presente perfecto continuo con las siguientes frases:

Ellos han estado esperándola desde las 9.
They've been waiting for her since 9 o'clock.

George ha estado conduciendo durante cinco horas.
George has been driving for five hours.

¿Has estado esperando mucho tiempo?
Have you been waiting long?

UNIDAD 263

EL VERBO TO LIVE (VIVIR)

*Aprendamos el verbo **to live** (vivir) con los siguientes ejemplos:*

Yo vivo cerca de aquí.

I live around here.

El vivió allá.

He lived there.

Ustedes van a vivir en los Estados Unidos.

You're going to live in the US.

Ella ha vivido acá.

She has lived here.

Tú has estado viviendo cerca.

You have been living nearby.

Ellos vivirán en Nevada.

They'll live in Nevada.

UNIDAD 264

EL VERBO TO KNOW (SABER)

*Aprendamos el verbo **to know** (saber) con los siguientes ejemplos:*

Tú sabes mucho.
You know very much.

Ellos no sabrán nada.
They won't know anything.

Yo supe algo.
I knew something.

Nosotros hemos sabido trabajar.
We have known how to work.

Ella había sabido cocinar.
She had known how to cook.

Ustedes han sabido conducir.
You have known how to drive.

UNIDAD 265

FALSOS COGNADOS

Aprendamos los siguientes falsos cognados:

Large / Grande
En inglés,
largo se dice *long*.

Realize / Darse cuenta
En inglés, *realizar* se
dice *carry out, implement*.

Notice / Aviso
En inglés,
noticia se dice *news*.

Success / Éxito
En inglés, *suceso*
se dice *event*.

¡Escucha y practica los audios en la web del curso!

UNIDAD 266 — LOS DEPORTES

Aprendamos los nombres de los deportes:

Tenis / **Tennis**

Básquetbol / **Basketball**

Béisbol / **Baseball**

Fútbol / **Soccer**

Fútbol americano / **Football**

Golf / **Golf**

Rugby / **Rugby**

Hockey / **Hockey**

Natación / **Swimming**

Ciclismo / **Cycling**

Practiquemos las siguientes frases:

Ellos juegan al tenis los fines de semana.
They play tennis on weekends.

No me gusta jugar al golf.
I don't like to play golf.

UNIDAD 267

EL TRANSPORTE

Aprendamos los nombres de los vehículos de transporte:

Automóvil / **Car**

Autobús / **Bus**

Barco / **Ship**

Camión / **Truck**

Bote / **Boat**

Yate / **Yacht**

Velero / **Sailboat.**

Avión / **Airplane**

Motocicleta / **Motorbike**

Helicóptero / **Helicopter**

Bicicleta / **Bicycle**

¡Escucha y practica los audios
en la web del curso!

UNIDAD 268

SONIDOS DE VOCALES Y DIPTONGOS
- [i], [i:]

Aprendamos los siguientes sonidos:

[i:]
como en
please (pli:z)

Escucharás este sonido
en palabras como:

Tea (ti:) / Té

Sleep (sli:p) / Dormir

Receive (risí:v) / Recibir

Niece (ni:s) / Sobrina

Seat (si:t) / Asiento

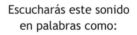

[i]
como en
six (siks)

Escucharás este sonido
en palabras como:

Sit (sit) / Sentarse

Guitar (gitá:r) / Guitarra

Live (liv) / Vivir

EN LA OFICINA DE CORREO
(COMPRENSIÓN ORAL)

Listen to the conversation:

WOMAN: How may I assist you today?

MAN: I want to buy twenty-two stamps and one box of envelopes.

WOMAN: Anything else?

MAN: Yes, I would like to send a parcel.

WOMAN: Where to?

MAN: To Belgium.

WOMAN: Your total is twenty-nine (29) dollars and five (5) cents.

EL PASADO PERFECTO

Usamos el pasado perfecto cuando hablamos de una acción pasada que terminó antes de un momento determinado en el pasado.

Este tiempo se forma con el auxiliar
had más un verbo en participio:

Yo había ido.
I had left.

Ustedes habían hablado.
You had talked.

El había terminado.
He had finished.

Ellos habían comido.
They had eaten.

UNIDAD 271

EL PASADO PERFECTO
(EJEMPLOS)

Practiquemos las siguientes cláusulas usando el pasado perfecto:

Ella había hablado.
She had talked.

Yo me había ido.
I had left.

Greg ya había terminado.
Greg had already finished.

Y también con frases que comiencen con *when*:

Greg ya había terminado cuando ella llamó.

Greg had already finished when she called.

UNIDAD 272
EL VERBO TO LEARN (APRENDER)

*Aprendamos el verbo **to learn** (aprender)
con los siguientes ejemplos:*

Yo estoy aprendiendo
a hablar inglés.
I'm learning to speak English.

Nosotros vamos a
aprender a conducir.
We're going to learn to drive.

Ellos aprenderán a hablar.
They'll learn to speak.

Ella aprendió a tocar piano.
She learned to play the piano.

Tú has aprendido a caminar.
You have learned to walk.

Ustedes habían
aprendido a cocinar.
You had learned to cook.

UNIDAD 273
EL VERBO TO SLEEP (DORMIR)

*Aprendamos el verbo **to sleep** (dormir)
con los siguientes ejemplos:*

Tú estás durmiendo
a las ocho.
**You're sleeping
at eight o'clock.**

Nosotros nos dormimos
en el hotel.
We slept in the hotel.

Ellos dormirán en la casa.
They'll sleep in the house.

Ella ha dormido en la silla.
She has slept on the chair.

Yo había dormido dos horas.
I had slept two hours.

INGLÉS AL MINUTO

¡Escucha y practica los audios
en la web del curso!

UNIDAD 274

REGLAS DE PRONUNCIACIÓN EN PASADO (SONIDO D)

Estudiemos la pronunciación de los verbos regulares en pasado, con la terminación -d o -ed.

Cuando el verbo termina en vocal, o en una letra b, g, l, m, n, r, v, w, z, debes pronunciar la terminación ed como una [d]:

Arrive · Arrived

Plan · Planned

Reserve · Reserved

Show · Showed

Stay · Stayed

Squeeze · Squeezed

Rob · Robbed

UNIDAD 275

REGLAS DE PRONUNCIACIÓN EN PASADO (SONIDO ID)

Estudiemos la pronunciación de los verbos regulares en pasado, con la terminación -d o -ed.

Want · Wanted

Wait · Waited

Repeat · Repeated

Start · Started

Decide · Decided

Need · Needed

Cuando el verbo termina en t, d, o de, la terminación ed en pasado se pronuncia [id]:

UNIDAD 276

REGLAS DE PRONUNCIACIÓN EN PASADO (SONIDO T)

Estudiemos la pronunciación de los verbos regulares en pasado, con la terminación -d o -ed.

Cuando el verbo termina en sonido o letra f, k, p, s, ch, sh, x, la terminación ed en pasado se pronuncia con el sonido final t:

Laugh · Laughed

Talk · Talked

Stop · Stopped

Miss · Missed

Watch · Watched

Wash · Washed

Mix · Mixed

UNIDAD 277

PROBLEMAS DE SALUD (COMPRENSIÓN ORAL)

Listen to the conversation:

WOMAN: Hi, how are you doing?

MAN: I don't feel well. I think I've got a cold.

WOMAN: Do you have pain?

MAN: Yes, I do. I have a headache and sneeze a lot.

WOMAN: I believe you have fever. Take this cold medicine.
MAN: I hope it helps me.

UNIDAD 278

LOS ANIMALES

Aprendamos los nombres de los animales:

Perro · **Dog**	Lagarto · **Alligator**
Gato · **Cat**	Vaca · **Cow**
Pollo · **Chicken**	Pato · **Duck**
Pez · **Fish**	Ardilla · **Squirrel**
Pájaro · **Bird**	

Ratón · **Mouse**	Caballo · **Horse**
Tigre · **Tiger**	Cebra · **Zebra**
León · **Lion**	Mono · **Monkey**

UNIDAD 279

EL CONDICIONAL (PRESENTE)

*Las oraciones condicionales se forman con dos frases y la palabra **if** que significa **si**. Usamos el condicional para expresar una condición.*

Estudiemos el condicional presente-presente, en el cual los verbos de ambas frases están en presente. Por ejemplo:

Si hablas despacio, puedo entender mejor.
If you speak slowly, I can understand better.

Si sucede algo, llama al 911.
If something happens, call 911.

UNIDAD 280

EL CONDICIONAL (PRESENTE - FUTURO)

*En el condicional presente-futuro, el verbo de la frase seguida de **if** está en presente, y el otro está en futuro. Por ejemplo:*

Si gano la lotería, voy a comprarme una isla.

If I win the lottery, I'm going to buy an island.

Si me compro una isla, invitaré a todos mis amigos.

If I buy an island, I'll invite all my friends.

¡Escucha y practica los audios en la web del curso!

UNIDAD 281

EL VERBO TO UNDERSTAND
(COMPRENDER, ENTENDER)

*Aprendamos el verbo **to understand** (comprender, entender) con los siguientes ejemplos:*

Tú entiendes muy bien.
You understand very well.

Ellos me han entendido.
They have understood me.

Yo no entendí.
I didn't understand.

Él ha entendiendo el trabajo.
He has understood the job.

Nosotros te entendemos.
We understand you.

Ella había entendido bien.
She had understood well.

UNIDAD 282

EL VERBO TO WAKE UP
(DESPERTAR)

*Aprendamos el verbo **to wake up** (despertar) con los siguientes ejemplos:*

Yo me desperté tarde. / **I woke up late.**

Ellos se van a despertar temprano.
They're going to wake up early.

Ella se ha despertado a las nueve.
She has woken up at nine o'clock.

Él se había despertado tarde. / **He had woken up late.**

Tú te habías estado despertando en ese momento.
You had been waking up at that time.

¡Escucha y practica los audios en la web del curso!

UNIDAD 283

INVITANDO A ALGUIEN

Para invitar a alguien a un lugar, dices:

¿Te gustaría venir? · **Would you like to come?**

Para aceptar una invitación, dices:

Me encantaría.
I'd love to.

¡Qué buena idea!
That's a great idea!

¡Me parece fantástico!
Sounds great!

Si no puedes o no te interesa, dices:

Gracias, pero estoy muy cansado.

Thank you, but I'm very tired.

UNIDAD 284

PIDIENDO PERMISO

Para pedir permiso, usamos *may* y *could*:

¿Podría usar su bolígrafo, por favor?
May I use your pen, please?

¿Podría entrar?
May I come in?

¿Podría hacerle una pregunta?
Could I ask you a question?

Cuando la situación es más informal puedes usar *can*:

¿Puedo pedirte 10 dólares?
Can I borrow 10 dollars?

¿Puedo mirar esas fotos?
Can I look at those pictures?

UNIDAD 285

EN EL HOTEL
(COMPRENSIÓN ORAL)

WOMAN: Hello. I have a reservation for today.

MAN: Do you have your confirmation number?

WOMAN: Yes, I do. Here you are.

MAN: You have a reservation of one standard room.

WOMAN: May I upgrade it to a suite?

MAN: I'm afraid we can't. We are sold out.

UNIDAD 286

VERBOS COMPUESTOS SHOW AROUND, SHOW UP, SHOW OFF

*Estudiemos el verbo **show** como verbo compuesto:*

Mostrar · **Show.**

Mostrar un lugar
Show around

Permíteme mostrarte
la oficina.
**Let me show you
around the office.**

Llegar a donde te esperan,
aparecer · **Show up**

No apareció en la fiesta.
**He didn't show up
for the party.**

Jactarse · **Show off**

Ella siempre se jacta
delante de todos.
**She's always showing off
in front of everybody.**

UNIDAD 287

VERBOS COMPUESTOS
TURN ON, TURN OFF

*Estudiemos el uso del verbo **turn**
como verbo compuesto:*

Encender · **Turn on**

Apagar · **Turn off**

¡Enciende las luces,
por favor!
Turn on the lights, please!

Apaga el televisor si
no lo estás mirando.
**Turn off the TV if
you're not watching it.**

¿Abriste la llave del gas?
Did you turn on the gas?

UNIDAD 288

LA PRONUNCIACIÓN (NUESTROS ERRORES MÁS FRECUENTES)

Cuando aprendemos un nuevo idioma,
generalmente cometemos errores al hablar.
Uno de los errores más comunes cuando los
hispanos aprendemos a hablar inglés es la
pronunciación de la letra r.

Además, en inglés debemos pronunciar hasta
la última letra de una palabra para que nos
puedan entender bien. Muchas veces, por
omitirla, podemos cambiar el significado
completo de una frase.

UNIDAD 289

SONIDOS DE VOCALES Y DIPTONGOS - [o:], [u:]

Aprendamos los siguientes sonidos:

[o:]
como en
more (mo:r)

Escucharás este sonido
en palabras como:

Shore (sho:r) / Costa

Before (bifó:r) / Antes

Four (fo:r) / Cuatro

Store (sto:r) / Tienda

[u:]
como en
room (ru:m)

You (yu:) /

Escucharás este sonido
en palabras como:

Tú-ustedes

Shoe (shu:) / Zapato

June (shu:n) / Junio

Do (du:) / Hacer

UNIDAD 290

SONIDOS DE VOCALES Y DIPTONGOS - [u], [au]

Aprendamos los siguientes sonidos:

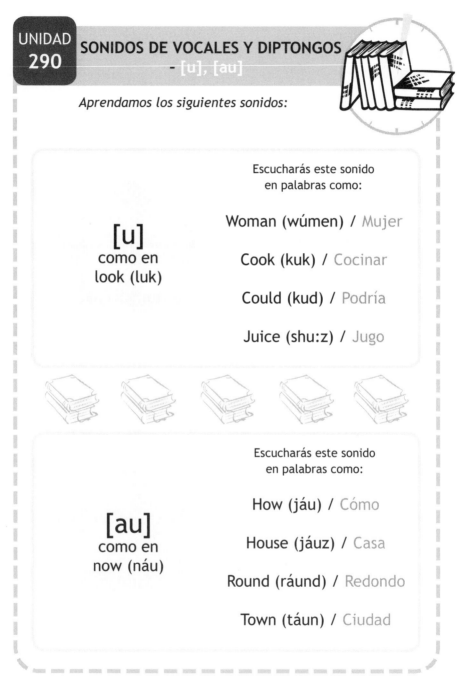

[u]
como en
look (luk)

Escucharás este sonido
en palabras como:

Woman (wúmen) / Mujer

Cook (kuk) / Cocinar

Could (kud) / Podría

Juice (shu:z) / Jugo

[au]
como en
now (náu)

Escucharás este sonido
en palabras como:

How (jáu) / Cómo

House (jáuz) / Casa

Round (ráund) / Redondo

Town (táun) / Ciudad

UNIDAD 291

SONIDOS DE VOCALES Y DIPTONGOS
- [ai], [ei]

Aprendamos los siguientes sonidos:

[ai]
como en
nice (náis)

Escucharás este sonido
en palabras como:

Price (práis) / Precio

Child (cháild) / Niño

Diet (dáiet) / Dieta

Lie (lái) / Mentira

Pie (pái) / Pastel

[ei]
como en
say (séi)

Escucharás este sonido
en palabras como:

Take (téik) / Tomar

Date (déit) / Fecha

Explain (ikspléin) / Explicar

Subway (sábwei) /
Subterráneo

UNIDAD 292

SONIDOS DE VOCALES Y DIPTONGOS - [ou], [oi]

Aprendamos los siguientes sonidos:

Escucharás este sonido
en palabras como:

[ou]
como en
home
(jóum)

Hello (jelóu) / Hola

Know (nóu) / Saber

Phone (fóun) / Teléfono

Road (róud) / Carretera

Escucharás este sonido
en palabras como:

[oi]
como en
boy (boi)

Oil (óil) / Aceite

Noise (nóiz) / Ruido

Boil (bóil) / Hervir

Voice (vóis) / Voz

Enjoy (inshói) / Disfrutar

¡Escucha y practica los audios en la web del curso!

¿QUE HORA ES?
(COMPRENSIÓN ORAL)

WOMAN: Excuse me, what time is it?

MAN: It is 5:00 (five o'clock).

WOMAN: Thank you. Can you tell me if the concert is today?

MAN: No, the concert is tomorrow.

WOMAN: Oh! And at what time does it start?

MAN: It starts at 6:00 P.M. (six o'clock in the evening).

EL VERBO TO START
(COMENZAR)

*Aprendamos el verbo **to start** (comenzar) con los siguientes ejemplos:*

Nosotros comenzamos un nuevo proyecto.
We start a new project.

Tú comenzarás a leer.
You'll start reading.

Yo comencé a estudiar inglés.
I started studying English.

Ella ha encendido su auto.
She has started her car.

Ellos habían empezado a comprender.
They had started to understand.

UNIDAD 295

EL VERBO TO THINK
(PENSAR)

*Aprendamos el verbo **to think** (pensar) con los siguientes ejemplos:*

Nosotros pensamos.
We think.

Yo estoy pensando en ti.
I'm thinking of you.

Usted no pensó mucho.
You didn't think very much.

Ella pensó en él.
She thought of him.

Tú has pensado en el futuro.
You have thought about the future.

Ellos habían pensado en todo.
They had thought of everything.

UNIDAD 296

VERBOS COMPUESTOS
COUNT IN, COUNT ON

*Estudiemos el uso del verbo **count** como verbo compuesto:*

Contar · **Count**

Contar con (incluir a alguien en una actividad) · **Count in**

Pueden contar conmigo para la fiesta
You can count me in for the party

Contar con, confiar · **Count on**

Puedes contar conmigo, soy tu amigo.
You can count on me, I'm your friend.

UNIDAD 297

FRASES VERBALES
LOOK FOR, LOOK AFTER

*Estudiemos el verbo **look** con algunas preposiciones:*

Buscar.
Look for.

Cuidar.
Look after.

Estoy buscando mis llaves.
I'm looking for my keys.

Alyson tiene que cuidar a su hijo.
Alyson has to look after her son.

UNIDAD 298

VERBOS COMPUESTOS
TAKE OUT, TAKE OFF

*Estudiemos el verbo **take** como verbo compuesto:*

Quitar, sacar.
Take out

Despegar (un avión), quitarse (la ropa).
Take off

El dentísta le sacó un diente.
The dentist took out a tooth.

El avión despegó tarde.
The airplane took off late.

Sacaré dinero del banco.
I'll take out some money from the bank.

Se quitó el impermeable.
She took off the raincoat.

UNIDAD 299

¿QUE TAL SI...?

Cuando quieras sugerir algo usarás las expresiones:

¿Qué tal ...? o
¿Qué te
parece si...?
How about?
What about?

Estas expresiones también pueden ir seguidas de un verbo terminado en –ing. Por ejemplo:

¿Qué tal si comemos... ?
¡How about eating... ?

¿Y tú qué tal?
How about you?

¿Qué tal si nos quedamos... ?
What about staying... ?

UNIDAD 300

BUSCANDO TRABAJO
(COMPRENSIÓN ORAL)

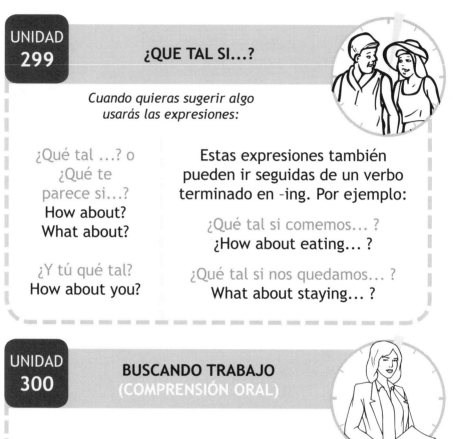

WOMAN: Good morning. I would like to apply for a job.

MAN: For what position?

WOMAN: Cook.

MAN: Do you have any experience?

WOMAN: Yes, I do. I worked as a cook for two years.

MAN: Please fill out this form.

LAS 1000 PALABRAS CLAVES DEL INGLÉS AMERICANO

Ordenadas por importancia y frecuencia de uso

Palabras Clave
1 a 100

A (e). Un, una

Address (ædres). Dirección

Age (eish). Edad

All (a:l). Todos

And (end). Y

Are (a:r). Son, están

Back (bæk). Atrás, espalda

Be (bi:). Ser, estar

Because (bico:s). Porque

Big (big). Grande

But (bat). Pero

Can (kæn). Poder

Car (ka:r). Automóvil

Country (kántri). País

Did (did). Pasado simple del verbo hacer

Do (du:). Hacer

Drive (dráiv). Conducir

Eat (i:t). Comer

English (inglish). Inglés

Far (fa:r). Lejos

Food (fud). Comida

For (fo:r). Para

From (fra:m). De, desde

Get (get). Conseguir

Go (góu). Ir

Good (gud). Bueno

Have (jæv). Tener

He (ji:). Él

Here (jir). Aquí, acá

His (jiz). Su (de él)

Home (jóum). Hogar

Hour (áur). Hora

How (jáu). ¿Cómo?

I (ái). Yo

In (in). En

Is (is). Es

It (it). Lo

Job (sha:b). Trabajo

Like (láik). Gustar

Look (luk). Mirar

Mail (méil). Correo

Make (méik). Hacer

Man (mæn). Hombre

Many (mæni). Muchos

Me (mi:). Me, a mí

Mile (máil). Milla

Money (máni). Dinero

More (mo:r). Más

Much (ma:ch). Mucho

My (mái). Mi

Need (ni:d). Necesitar

Never (néve:r). Nunca

New (nu:). Nuevo

No (nou). No

Not (not). No

Number (namber). Número

Of (ev). De

Old (óuld). Viejo

One (wan). Uno

Open (óupen). Abrir

Or (o:r). O

Other (á:de:r). Otro

Out (áut). Afuera

Put (put). Poner

Same (seim). Mismo

Say (séi). Decir

See (si:). Ver

She (shi:). Ella

Some (sæm). Algunos

Soon (su:n). Pronto

Street (stri:t). Calle

That (dæt). Esa, ese, eso, aquella, aquel, aquello

The (de). El, la, las, los

There (der). Allá, allí

They (déi). Ellos/as

This (dis). Este, este, esto

Time (táim). Tiempo

To (tu:). A

Today (tudei). Hoy

Two (tu:). Dos

Understand (anderstænd). Entender

Up (ap). Arriba

Use (iu:s). Usar

Very (véri). Muy

Wait (wéit). Esperar

Want (wa:nt). Querer

Was (wos). Era, fue

We (wi:). Nosotros

Well (wel). Bien

What (wa:t). ¿Qué?

When (wen). ¿Cuándo?

Why (wái). ¿Por qué?

Will (wil). Auxiliar para el futuro

With (wid). Con

Woman (wumen). Mujer

Word (word). Palabra

Write (ráit). Escribir

Yes (yes). Sí

You (yu:). Tú, usted, ustedes

Your (yo:r). Tu; su; de usted, de ustedes

Palabras Clave
101 a 200

About (ebáut). Acerca de

After (æfte:r). Después

Ago (egóu). Atrás

Always (a:lweiz). Siempre

An (en). Un, una

Bad (bæd). Malo

Bag (bæg). Bolso, bolsa

Before (bifo:r). Antes

Begin (bigín). Comenzar

Below (bilóu). Debajo de

Better (bérer). Mejor

Between (bitwí:n). Entre

Bottom (bá:rem). Parte inferior

Bye (bái). Adiós

Cheap (chi:p). Barato

Clean (kli:n). Limpiar

Coin (kóin). Moneda

Collect (kelékt). Cobrar

Color (kále:r). Color

Come (kam). Venir

Complete (komplí:t). Completar

Cook (kuk). Cocinar

Cost (ka:st). Costar

Credit (krédit). Crédito

Customer (kásteme:r). Cliente

Customs (kástems). Aduana

Cut (kat). Cortar

Day (déi). Día

Directions (dairékshen). Instrucciones

Doctor (dá:kte:r). Doctor

Does (dáz). Auxiliar del presente simple

Dollar (dá:le:r). Dólar

Down (dáun). Abajo

Drink (drink). Beber

Early (érli). Temprano

Easy (í:zi). Fácil

End (end). Fin

Enough (ináf). Suficiente

Enter (éne:r). Ingresar

Exit (éksit). Salida

Expensive (ikspénsiv). Caro

Fine (fáin). Bien

Friend (frend) Amigo

Go on (góu a:n). Ocurrir

Go out (góu áut). Salir

Great (gréit). Fantástico

Happy (jæpi). Feliz

Hello (jelóu). Hola

Help (jelp). Ayudar

Hi (jái). Hola

House (jáuz). Casa

I.D. Card (ái di: ka:rd). Documento de identidad

Immigration (imigréishen). Inmigración

Just (sha:st). Recién

Know (nóu). Saber

Lawyer (la:ye:r). Abogado

Live (liv). Vivir

Mailman (méilmen). Cartero

Main (méin). Principal

Manager (mænishe:r). Gerente

Market (má:rket). Mercado

Mean (mi:n). Significar

Men(men). Hombres

Must (mast). Deber, estar obligado a

Name (néim). Nombre

Near (nir). Cerca

Nice (náis). Agradable

Nothing (názing). Nada

O.K. (óu kéi). De acuerdo

On (a:n). Sobre

Pay (péi). Pagar

Price (práis). Precio

Question (kuéschen). Pregunta

Read (ri:d). Leer

Ready (rédi). Listo

Right (ráit). Derecha

Second (sékend). Segundo

Sell (sel). Vender

Send (sénd). Enviar

Shut (shat). Cerrar

Sign (sáin). Firmar

So (sóu). Por lo tanto

Sold (sóuld). Vendido

Somebody (sámba:di). Alguien

Something (sámzing). Algo

Speak (spi:k). Hablar

Start (sta:rt). Comenzar

Stop (sta:p). Parar

Take (téik). Tomar

Talk (ta:k). Conversar

Then (den). Entonces

Thing (zing). Cosa

Water (wá:re:r). Agua

Way (wéi). Camino

Where (wer). ¿Dónde?

Which (wích). ¿Cuál?

Who (ju:). ¿Quién?

Without (widáut). Sin

Work (we:rk). Trabajar

Work permit (we:rk pé:rmit). Permiso de trabajo.

Palabras Clave
201 a 300

Across (ekrá:s). A través, en frente de

Afternoon (æfte:rnu:n). Tarde

Again (egén). Otra vez

Agreement (egrí:ment). Acuerdo

Airport (érport). Aeropuerto

Amount (emáunt). Cantidad

Answer (ænser). Contestar

Apartment (apa:rtment). Apartamento

Application form (æplikéishen fo:rm). Formulario de solicitud

Apply (eplái). Postularse

Around (eráund). Alrededor

As (ez). Como

Ask (æsk). Preguntar

Attorney (eté:rnei). Abogado, fiscal

Authority (ezo:riti). Autoridad

Average (æverish). Promedio

Bank (bænk). Banco

Behind (bijáind). Detrás

Border (bo:rde:r). Frontera

Bottle (ba:rl). Botella

Box (ba:ks). Caja

Break (bréik). Romper

Bring (bring). Traer

Building (bílding). Edificio

Burn (be:rn). Quemar

Can (kæn). Poder

Cash (kæsh). Dinero en efectivo

Change (chéinsh). Cambiar

Check (chek). Cheque

Coffee (ka:fi). Café

Cold (kóuld). Frío

Come from (kam fra:m). Venir de

Construction worker (kenstrákshen we:rke:r). Obrero de la construcción

Contractor (kentræ:kte:r). Contratista

Count (káunt). Contar

Country code (kántri kóud). Código de país

Crime (kráim). Delito

Deliver (dilíve:r). Enviar

Dial (dáiel). Discar

Difference (díferens). Diferencia

Difficult (dífikelt). Difícil

Dirty (déri). Sucio

Driver license (dráiver láisens). Licencia de conducir

Employee (imploíí:). Empleado

Employer (implóie:r). Empleador

Experience (íkspíriens). Experiencia

Family (fæmeli). Familia

Feel (fi:l). Sentir

First (fe:rst). Primero

Follow (fá:lou). Seguir

Free (fri:). Libre

Hand (jænd). Mano

Hard (ja:rd). Difícil

Head (jed). Cabeza

High (jái). Alto

Hope (jóup). Esperanza

Hot (ja:t). Caliente

Important (impó:rtent). Importante

Information (infe:rméishen). Información

Insurance (inshó:rens). Seguro

Interest (íntrest). Interés

Key (ki:). Llave

Last (læst). Último

Learn (le:rn). Aprender

Leave (li:v). Partir

Little (lírel). Pequeño

Long (lan:g). Largo

Low (lóu). Bajo

Mad (mæd). Furioso

Meaning (mi:ning). Significado

Next (nékst). Próximo

Night (náit). Noche

Often (á:ften). A menudo

People (pí:pel). Gente

Person (pé:rsen). Persona

Phone (fóun). Teléfono

Prepaid (pripéd). Prepagado

Purchase (paercheis). Adquirir

Rate (réit). Tarifa, tasa

Rent (rent). Alquilar

Return (rité:rn). Devolver

Road (róud). Camino

Save (séiv). Ahorrar

Should (shud). Deber (para dar consejos)

Sick (sik). Enfermo

Since (sins). Desde

Spend (spénd). Gastar

Still (stil). Aún

Teach (ti:ch). Enseñar

Tell (tel). Decir

Think (zink). Pensar

Three (zri:). Tres

Tip (tip). Propina

Tomorrow (temórou). Mañana

Tonight (tenáit). Esta noche

Too (tu:). También

True (tru:). Verdad

Under (ánde:r). Debajo

Yesterday (yésterdei). Ayer

Yet (yet). Todavía

Palabras Clave
301 a 400

Able (éibel). Capaz

Above (ebáv). Arriba de

Accept (eksépt). Aceptar.

Agree (egrí:). Estar de acuerdo

Also (á:lsou). También

Anybody (éniba:di). Alguien

Anyone (éniwan). Alguien

Anything (énizing). Algo

Ask for (æsk fo:r). Pedir

At (æt). A, en

ATM (ei. ti: em) Cajero automático

Avenue (ævenu:). Avenida

Block (bla:k). Cuadra

Both (bóuz). Ambos

Buy (bái). Comprar

Care (ker). Cuidado

Catch (kæch). Atrapar

Citizen (sírisen). Ciudadano

City (síri). Ciudad

Come back (kam bæk). Regresar

Come in (kam in). Entrar

Come on (kam a:n). Pedirle a alguien que se apure

Credit card (krédit ka:rd). Tarjeta de crédito.

Debit card (débit ka:rd). Tarjeta de débito

Deliver (dilíve:r). Enviar

Die (dái). Morir

Discussion (diskáshen). Conversación

Dry (drái). Seco

Education (eshekéishen). Educación

Elevator (éleveire:r). Ascensor

Evening (í:vning). Final de tarde, noche

Find (fáind). Encontrar

Four (fo:r). Cuatro

Gas (gæs). Gasolina

Inch (inch). Pulgada

Keep away (ki:p ewái). Mantenerse alejado

Last name (læst néim). Apellido

Late (léit). Tarde

Left (left). Izquierda

Listen (lísen). Escuchar

Look for (luk fo:r). Buscar

Lose (lu:z). Perder

Necessary (néseseri). Necesario

Only (óunli). Solamente

Outside (autsáid). Afuera

Over (óuve:r). Por encima

Pen (pen). Bolígrafo

Perfect (pé:rfekt). Perfecto

Place (pléis). Lugar

Pull (pul). Tirar, halar

Push (push). Empujar

Quick (kuík). Rápido

Really (ríeli). Realmente

Receive (risí:v). Recibir

Requirement (rikuáirment). Requisito

Resident (rézident). Residente

Run (ran). Correr

Run away (ran ewéi). Escapar

Safe (séif). Seguro

School (sku:l). Escuela

Seem (si:m). Parecer

Show (shóu). Mostrar

Sit (sit). Sentarse

Slow down (slóu dáun). Disminuir la marcha

Small (sma:l). Pequeño

Smoke (smóuk). Fumar

Soda (sóude). Refresco

Someone (sámuen). Alguien

Sometimes (sámtaimz). A veces

Sound (sáund). Sonar

Speed (spi:d). Velocidad

Speed up (spi:d ap). Acelerar

Spell (spel). Deletrear

Station (stéishen). Estación

Store (sto:r). Tienda

Supermarket (su:pe:rmá:rket). Supermercado

Telephone (télefóun). Teléfono

Temperature (témpriche:r). Temperatura

There are (der a:r). Hay (pl.)

There is (der iz). Hay (sing.)

Through (zru:). A través

Times (táimz). Veces

Toilet (tóilet). Inodoro

Try (trái). Tratar

Twice (tuáis). Dos veces

Us (as). A nosotros

Walk (wa:k). Caminar

Wall (wa:l). Pared

Weather (wéde:r). Tiempo

Week (wi:k). Semana

Weekend (wí:kend). Fin de semana

Welcome (wélcam). Bienvenido

While (wáil). Mientras

Whole (jóul). Entero

Whose (ju:z). ¿De quién?

Worry (wé:ri). Preocuparse

Would (wud). Auxiliar para ofrecer o invitar

Wrong (ra:ng). Equivocado

Year (yir). Año

Zero (zí:rou). Cero

Palabras Clave
401 a 500

Actually (ækchueli). En realidad

Agency (éishensi). Agencia

Air (er). Aire

Area Code (érie kóud). Código de área

Arrival (eráivel). Llegada

Arrive (eráiv). Llegar

Attack (etæk). Ataque

Aunt (ænt). Tía

Bakery (béikeri). Panadería

Beer (bir). Cerveza

Birthday (bérzdei). Cumpleaños

Blue (blu:). Azul

Call (ka:l). Llamar

Carry (kéri). Transportar

Cashier (kæshír). Cajero

Ceiling (síling). Techo

Chance (chæns). Oportunidad

Citizenship (sírisenship) Ciudadanía

Clear (klíe:r). Aclarar

Closet (klóuset). Ropero

Comfortable (kámfe:rtebel) Cómodo

Company (kámpeni). Compañía

Computer (kempyú:re:r). Computadora

Counselor (káunsele:r). Asesor

Counter (káunte:r). Mostrador

Culture (ké:lche:r). Cultura

Debt (dét). Deuda

Destination (destinéishen). Destino

Dining room (dáining ru:m) Comedor

Dish (dish). Plato

Distance (dístens). Distancia

Downtown (dáuntaun). Centro de la ciudad

Driver (dráive:r). Conductor

Drugstore (drágsto:r). Farmacia

Egg (eg). Huevo

Eight (éit). Ocho

Electrician (elektríshen). Electricista

Engine (énshin). Motor

Expert (ékspe:rt). Experto

Farmer (fá:rme:r). Granjero

Feet (fi:t). Pies

Fight (fáit). Luchar

Fire (fáir). Fuego

Five (fáiv). Cinco

Foreign (fó:ren). Extranjero

Forget (fegét). Olvidar

Gas station (gæs stéishen). Gasolinera

Half (ja:f). Medio

Hear (jier). Oír

Highway (jáiwei). Autopista

Holiday (já:lidei). Día de fiesta, festivo

Hotel (joutél). Hotel

Hundred (já:ndred). Cien

Ice (áis). Hielo

Kitchen (kíchen). Cocina

Large (la:rsh). Grande

Light (láit). Luz

Lost (lost). Perdido

Meet (mi:t). Conocer a alguien

Move (mu:v). Mover

Once (uáns). Una vez

Opportunity (epertú:neri). Oportunidad

Our (áuer). Nuestro

Paper (péipe:r). Papel

Passport (pæspo:rt). Pasaporte

Permit (pé:rmit). Permiso

Phone card. (fóun ka:rd). Tarjeta telefónica.

Post office (póust á:fis). Oficina de correos

Profession (preféshen). Profesión

Quite (kuáit). Bastante

Relation (riléishen). Relación

Relationship (riléishenship). Relación

Remember (rimémbe:r). Recordar

Repeat (ripí:t). Repetir

Salesperson (séilspe:rsen). Vendedor

Set up (set ap) Establecer

Sir (se:r). Señor

Sleep (sli:p). Dormir

Smell (smel). Oler

Stair (stér). Escalera

Stamp (stæmp). Estampilla

Stop by (sta:p bái). Visitar por un corto período

Straight (stréit). Derecho

Subway (sábwei). Subterráneo

Sweat (swet). Transpirar

Thousand (záunsend). Mil

Throw (zróu). Lanzar

Throw away (zróu ewéi). Tirar a la basura

Tool (tu:l). Herramienta

Train (tréin). Tren

Truck (trak). Camión

Trunk (tránk). Maletero

Turnpike (té:rnpaik). Autopista con peaje

Usually (yu:shueli). Usualmente

Vacation (veikéishen). Vacación

Waist (wéist). Cintura

Warm (wa:rm). Cálido

Window (wíndou). Ventana

World (we:rld). Mundo

Worse (we:rs). Peor

Palabras Clave
501 a 600

Approval (eprú:vel). Aprobación

Argument (a:rgiument). Discusión

Assistant (esístent). Asistente

Awful (á:fel). Feo, horrible

Baby sitter (béibi síre:r). Niñera

Bake (béik). Hornear

Balcony (bælkeni). Balcón

Ball (ba:l). Pelota

Bathroom (bæzrum) Cuarto de baño

Battery (bæreri). Batería

Beautiful (biú:rifel). Hermoso

Bed (bed). Cama

Bedroom (bédrum). Dormitorio

Behavior (bijéivye:r). Comportamiento

Brother (bráde:r). Hermano

Brown (bráun). Marrón

Calm (ka:lm). Calmar

Car dealer (ka:r di:le:r). Vendedor de autos

Carpet (ká:rpet). Alfombra

Casual (kæshuel). Informal

Child (cháild). Niño

Children (chíldren). Hijos, niños

Copy (ká:pi). Copiar

Cousin (kázen). Primo

Danger (déinshe:r). Peligro

Dark (da:rk). Oscuro

Daughter (dá:re:r). Hija

Development (divélopment). Desarrollo

Door (do:r). Puerta

Engineer (enshinír). Ingeniero

Enjoy (inshói). Disfrutar

Ever (éve:r). Alguna vez

Example (igzæmpel) Ejemplo

Explain (ikspléin). Explicar

Fat (fæt). Grasa, gordo/a

Father (fá:de:r). Padre

Favorite (féivrit). Favorito

Feed (fi:d). Alimentar

Furniture (fé:rnicher). Muebles

Gardener (gá:rdene:r). Jardinero

Girl (ge:rl). Muchacha, niña

Girlfriend (gé:rlfrend). Novia

Grandfather (grændfá:de:r). Abuelo

Grass (græs). Césped

Hairdresser (jerdrése:r). Peluquero

Hard-working (já:rdwe:rking). Trabajador

Hate (jéit). Odiar

Him (jim). Lo, le, a él

Housekeeper (jáuz ki:pe:r). Ama de llaves

Hurt (he:rt). Doler

Husband (jázbend). Esposo

Interview (ínner:viu:). Entrevista

Labor (léibe:r). Laboral

Land (lænd). Tierra

Law (la:). Ley

Mechanic (mekænik). Mecánico

Mine (máin). Mío/a

Miss (mis). Señorita

Mother (máde:r). Madre

Nanny (næni). Niñera

Nurse (ners). Enfermera

Offer (á:fe:r). Oferta

Office (á:fis). Oficina

Paint (péint). Pintar

Parents (pérents). Padres

Rain (réin). Lluvia

Rest (rest). Descansar

Résumé (résyu:mei) Currículum vitae

Roof (ru:f). Techo

Room (ru:m). Habitación

Screw (skru:). Atornillar

Screw driver (skru: dráive:r). Destornillador

Screw up (skru: ap). Arruinar

Seat (si:t). Asiento

Serve (se:rv). Servir

Shelf (shelf). Estante

Sister (síste:r). Hermana

Six (síks). Seis

Skill (skil). Habilidad

Social Security (sóushel sekiurity). Seguro social

Son (san). Hijo

Stool (stu:l). Banqueta

Stove (stóuv). Cocina

Sweep (swi:p). Barrer

Table (téibel). Mesa

Technician (tekníshen). Técnico

Tire (táie:r). Goma

Uncle (ánkel). Tío

Union (yú:nien). Sindicato

Vacuum (vækyú:m). Aspiradora

Veterinarian (vete:riné:rian). Veterinario

Waiter (wéire:r). Mesero

Waitress (wéitres). Mesera

Wash (wa:sh). Lavar

Waste (wéist). Malgastar

Watch (wa:ch). Mirar

Wheel (wi:l). Rueda

Wife (wáif). Esposa

Wind (wind). Viento

Wood (wud). Madera

Palabras Clave
601 a 700

Account (ekáunt). Cuenta

Add (æd). Agregar

Advice (edváis). Consejo

Apologize (epá:leshaiz). Disculparse

Attention (eténshen). Atención

Balance (bælens). Saldo

Bankrupt (bænkrept). Bancarrota

Basement (béisment). Sótano

Black (blæk). Negro

Blind (bláind). Ciego

Blond (bla:nd). Rubio

Blow (blóu). Soplar

Borrow (bárau). Pedir prestado

Boyfriend (bóifrend). Novio

Buddy (bári). Amigo

Certificate (se:rtífiket). Certificado

Chest (chest). Pecho

Chicken (chíken). Pollo

Could (kud). Podría

Damage (dæmish). Daño

Dangerous (déinsheres). Peligroso

Deposit (dipá:zit). Depósito

Dictionary (díksheneri). Diccionario

Dime (dáim). Diez centavos de dólar

Disappointed (disepóinted). Desilusionado

Down payment (dáun péiment). Anticipo, cuota inicial

During (during). Durante

Error (é:re:r). Error

Every day (évri déi). Todos los días

Everything (évrizing). Todo

Excellent (ékselent). Excelente

Floor (flo:r). Piso

Front (fra:nt). Frente

Fun (fan). Diversión

Get up (get ap). Levantarse de la cama

Give back (giv bæk). Devolver

Glass (glæs). Vidrio

Glasses (glæsiz). Anteojos

Go through (góu zru:). Revisar

Gray (gréi). Gris

Green (gri:n). Verde

Her (je:r). Su (de ella)

Imagine (imæshin). Imaginar

Improve (imprú:v). Mejorar

Increase (inkrí:s). Aumentar

Installment (instá:lment). Cuota

Interest rate (íntrest réit). Tasa de interés

Interesting (íntresting). Interesante

Invite (inváit). Invitar

Kick (kik). Patear

Kid (kid). Niño, chico

Language (længuish). Idioma

Line (láin). Fila

Mess (mes). Desorden

Money order (máni ó:rde:r). Giro postal

Month (mánz). Mes

Mouth (máuz). Boca

News (nu:z). Noticias

Nickel (níkel). Cinco centavos de dólar

Noise (nóiz). Ruido

Official (efíshel). Oficial

Package (pækish). Paquete

Penny (péni). Un centavo de dólar

Pick up (pik ap). Recoger

Prescription (preskrípshen). Receta médica

Problem (prá:blem). Problema

Quarter (kuá:re:r). Veinticinco centavos de dólar

Rare (rer). Cocción jugosa

Remind (rimáind). Hacer acordar

Reschedule (riskéshu:l). Reprogramar

Scissors (sí:ze:rs). Tijeras

Season (sí:zen). Temporada

Separate (sépe:reit). Separar

Seven (séven). Siete

Shake hands (shéik jændz). Dar la mano

Ship (ship). Barco

Shipment (shipment). Envío

Smart (sma:rt). Inteligente

Snow (snóu). Nieve

Space (spéis). Espacio

Spring (spring). Primavera

Stomach (stá:mek). Estómago

Student (stú:dent). Estudiante

Study (stádi). Estudiar

Stuff (staf). Cosas

Summer (sáme:r). Verano

Sun (sán). Sol

Tax (tæks). Impuesto

Their (der). Su (de ellos/as)

Them (dem). Les, las, los, a ellos/as

These (di:z). Estas/estos

Those (dóuz). Esas/os, aquellas/os

Transaction (trensækshen). Transacción

Transfer (trænsfe:r). Transferir

Travel (trævel). Viajar

Trip (trip). Viaje

Winter (wíne:r). Invierno

Wire (wáir). Alambre

Withdraw (widdra:). Retirar dinero

Yellow (yélou). Amarillo

Palabras Clave
701 a 800

A. M. (éi em). Antes del mediodía

Amazed (eméizd). Sorprendido

Basket (bæsket). Canasta

Bicycle (báisikel). Bicicleta

Bill (bil). Billete

Boat (bóut). Bote

Boil (boil). Hervir

Book (buk). Libro

Boot (bu:t). Bota

Brake (bréik). Freno

Bread (bred). Pan

Cab (kæb). Taxi

Cheese (chi :z). Queso

Classified ad (klæsifaid æd). Aviso clasificado

Clothes (klóudz). Ropa

Coat (kóut). Abrigo

Commercial (kemé:rshel). Aviso publicitario

Condition (kendíshen). Condición

Couch (káuch). Sillón

Depend (dipénd). Depender

Desk (désk). Escritorio

Dessert. (dizé:rt). Postre

Detail (díteil). Detalle

Doubt (dáut). Duda

Dress (dres). Vestido

Entertainment (ene:rtéinment). Entretenimiento

Fall (fa:l). Caída

Fashion (fæshen). Moda

Field (fi:ld). Campo

Fill (fil). Llenar

Flight (fláit). Vuelo

Fork (fo:rk). Tenedor

Frozen (fróuzen). Congelado

Fruit (fru:t). Fruta

Fry (frái). Freír

Give back (giv bæk). Devolver

Give up (giv ap). Darse por vencido

Groceries (gróuseri:z). Víveres

Group (gru:p). Grupo

Grow (gróu). Crecer

Guess (ges). Suponer

Hole (jóul). Agujero

Homemade (jóumméid). Casero

Idea (aidíe). Idea

Introduce (intredu:s). Presentar

Iron (áiren). Hierro

Join (shoin). Unirse

Joke (shóuk). Chiste, broma

Lane (léin). Carril de una autopista

Less (les). Menos

Level (lével). Nivel

Match (mæch). Partido

Meal (mi:l). Comida

Meeting (mí:ting). Reunión

Menu. (ményu:). Menú

Mix (miks). Mezclar

Movement (mu:vment). Movimiento

Morning (mo:rning). Mañana

Nose (nóuz). Nariz

O'clock (eklá:k). En punto

On sale (a:n séil). En liquidación, rebajas

Order (á:rde:r). Ordenar

P.M. (pi: em). Después del mediodía

Pair (per). Par

Park (pa:rk). Parque

Picture (píkche:r). Foto

Plane (pléin). Avión

Police (pelí:s). Policía

Pound (páund). Libra

Powerful (páue:rfel). Poderoso

Prefer (prifé:r). Preferir

Priority (praió:reri). Prioridad

Reduce (ridú:s). Reducir

Refund (rífand). Reembolso

Reliable (riláiebel). Confiable

Responsible (rispá:nsibel). Responsable

Restaurant (résteren). Restaurante

Retire (ritáir). Jubilarse

Review (riviú:). Revisión

Sad (sæd). Triste

Salt (sa:lt). Sal

Scratch (skræch). Rascar

Square (skwér). Cuadrado

Stay (stéi). Quedarse

Steal (sti:l). Robar

Stranger (stréinshe:r). Desconocido

Style (stáil). Estilo

Sunglasses (sánglæsiz). Anteojos de sol

Swallow (swálou). Tragar

Swim (swim). Nadar

Tall (ta:l). Alto

Toll (tóul). Peaje

Traffic (træfik). Tránsito

Traffic light (træfik láit). Semáforo

Traffic sign (træfik sáin). Señal de tránsito

Turn (te:rn). Doblar

Turn off (te:rn a:f). Apagar

Turn on (te:rn a:n). Encender

Voice (vóis). Voz

Yield (yild). Ceder el paso

Palabras Clave
801 a 900

Alcohol (ælkeja:l). Alcohol

Antibiotic (æntibaiá:rik). Antibiótico

Apple (æpel). Manzana

Arm (a:rm). Brazo

Attend (eténd). Concurrir

Belt (belt). Cinturón

Blood (bla:d). Sangre

Body (ba:dy). Cuerpo

Breath (brez). Aliento

Cable (kéibel). Cable

Chair (che:r). Silla

Christmas (krísmes). Navidad

Clever (kléve:r). Inteligente

Cloud (kláud). Nube

Corner (kó:rne:r). Esquina

Cough (kaf). Toser

Cry (krái). Llorar

Degree (digrí:). Grado

Dentist (déntist). Dentista

Destroy (distrói). Destruir

Destruction (distrákshen). Destrucción

Disease (dizí:z). Enfermedad

Dizzy (dízi). Mareado

Double (dábel). Doble

Dream (dri:m). Soñar

Dust (dást). Polvo

Ear (ir). Oreja

Earth (érz). Tierra

Effect (ifékt). Efecto

Eye (ái). Ojo

Face (féis). Cara

Fasten (fæsen). Ajustarse

Feeling (fi:ling). Sentimiento

Fever (fíve:r). Fiebre

Final (fáinel). Final

Finger (fínge:r). Dedo de la mano

Fireman (fáirmen). Bombero

Fish (fish). Pez

Flu (flu:). Gripe

Foot (fut). Pie

Frightened (fráitend). Asustado

Grow up (gróu ap). Criarse, crecer

Guide (gáid). Guía

Guy (gái). Chicos/chicas, gente

Hair (jér). Pelo

Hang (jæng). Colgar

Headache (jédeik). Dolor de cabeza

Health (jélz). Salud

Homesick (jóumsik). Nostalgico/a

Immediate (imí:diet). Inmediato

Incredible (inkrédibel). Increíble

Knock (na:k). Golpear repetidamente

Lie (lái). Mentir

Liquid (líkwid). Líquido

Loan (lóun). Préstamo

Luck (lak). Suerte

Married (mérid). Casado

Medicine (médisen). Medicina

Message (mésish). Mensaje

Million (mílien). Millón

Nation (néishen). Nación

Neck (nek). Cuello

Newspaper (nu:spéiper). Diario

Nonresident (na:nrézident). No residente

Oil (óil). Aceite

Pack (pæk). Paquete

Pants (pænts). Pantalones largos

Parking lot (pa:rking lot). Estacionamiento

Patient (péishent). Paciente

Pharmacist (fá:rmesist). Farmacéutico

Play (pléi). Jugar

Proud (práud). Orgulloso

Red (red). Rojo

Rice (ráis). Arroz

Salad (sæled). Ensalada

Selfish (sélfish). Egoísta

Sensible (sénsibel). Sensato

Sensitive (sénsitiv). Sensible

Short (sho:rt). Corto

Skirt (ske:rt). Falda

Soap (sóup). Jabón

Socks (sa:ks). Calcetines

Sore (so:r). Dolorido

State (stéit). Estado

Suffer (sáfe:r). Sufrir

Sugar (shúge:r). Azúcar

Suitcase (sú:tkeis). Maleta

Sweet (swi:t). Dulce

Throat (zróut). Garganta

Tired (taie:rd). Cansado

Tomato (teméirou). Tomate

Tooth (tu:z). Diente

Upset (apsét). Disgustado

Vegetables (véshetebels). Verduras

Visit (vízit). Visitar

Weight (wéit). Peso

Well done (wel dan). Bien hecho

Wet (wet). Húmedo

Wine (wáin). Vino

Young (ya:ng). Joven

Palabras Clave
901 a 1000

Angry (ængri). Enojado

Background (bækgraund). Antecedentes

Case (kéis). Caso

Court (ko:rt). Corte

Cover (ká:ve:r). Cubrir

Cup (káp). Taza

Date (déit). Fecha

Death (déz). Muerte

Decision (disíshen). Decisión

Draw (dra:w). Dibujar

Drop (dra:p). Hacer caer

Envelope (énveloup). Sobre

Environment (inváirenment). Medio ambiente

Fit (fit). Quedar bien (una prenda)

Flower (flaue:r). Flor

Force (fo:rs). Forzar

Game (géim). Juego

Gold (góuld). Oro

Government (gáve:rnment). Gobierno

Guest (gést). Huésped

Homework (jóumwe:k). Tareas del estudiante

Honest (á:nest). Honesto

Illness (ílnes). Enfermedad

Injury (ínsheri). Herida

Judge (shash). Juez

Jump (shamp). Saltar

Justice (shástis). Justicia

Kill (kil). Matar

Kiss (kis). Besar

Knee (ni:). Rodilla

Knife (náif). Cuchillo

Landlord (lændlo:rd). Locador

Laugh (læf). Reír

Leg (leg). Pierna

Legal (lí:gel). Legal

Letter (lére:r). Carta

Love (lav). Amar

Magazine (mægezí:n). Revista

Mass (mæs). Masa

Meat (mi:t). Carne

Microwave oven (máikreweiv óuven). Horno a microondas

Milk (milk). Leche

Mirror (míre:r). Espejo

Model (má:del). Modelo

Movie (mu:vi). Película

Music (myu:zik). Música

Naturalization (nægchera:lai-zéishen). Naturalización

Option (á:pshen). Opción

Ounce (áuns). Onza

Party (pá:ri). Fiesta

Pass (pæs). Pasar (atravesar)

Piece (pi:s). Porción

Pillow (pílou). Almohada

Poor (pur). Pobre

Pork (po:rk). Cerdo

Potato (petéirou). Papa

Pretty (príri). Bonita, bella

Prison (prí:sen). Prisión

Recipe (résipi). Receta

Recommend (rekeménd). Recomendar

Relax (rilæks). Descansar

Ring (ring). Anillo

River (ríve:r). Río

Rude (ru:d). Maleducado

Satisfied (særisfáid). Satisfecho

Scale (skéil). Balanza

Sea (si:). Mar

Sheet (shi:t). Hoja de papel

Shine (sháin). Brillar

Shirt (shé:rt). Camisa

Shoe (shu:). Zapato

Shoulder (shóulde:r). Hombro

Shy (shái). Tímido.

Sign (sáin). Firmar

Size (sáiz). Talla

Skin (skin). Piel

Sky (skái). Cielo

Soccer (sá:ke:r). Fútbol

Song (sa:ng). Canción

Soup (su:p). Sopa

Special (spéshel). Especial

Sport (spo:rt). Deporte

Steak (stéik). Filete

Suppose (sepóuz). Suponer

Surprise (se:rpráiz). Sorpresa

Swear (swer). Jurar

Sweater (suére:r). Suéter

Taste (téist). Gusto

Ten (ten). Diez

Tennis shoes (ténis shu:z). Zapatos tenis

Thief (zi:f). Ladrón

Thunder (zánde:r). Trueno

Translator (trensléire:r). Traductor

Trespass (trespæs). Entrar ilegalmente

Trial (tráiel). Juicio.

T-shirt (ti: shé:rt). Camiseta

Umbrella (ambréle). Paraguas

University (yu:nivé:rsiri). Universidad

Wear (wer). Usar ropa

Widow (wídou). Viuda

TEST DE VOCABULARIO autocorregido

AUTOTEST para Palabras Clave 1 a 100

Marque en cada caso el significado más adecuado

1) **Address**
   a Añadir
   b Departamento
   c Dirección
   d Aderezo

2) **Age**
   a Ajo
   b Edad
   c Ajá
   d Años

3) **Because**
   a Cómo
   b Cuánto
   c Dónde
   d Porque

4) **Far**
   a Justo
   b Lejos
   c Gordo
   d Así

5) **From**
   a Desde
   b Hacia
   c Para
   d Por

6) **Job**
   a Ocio
   b Trabajo
   c Afición
   d Religión

7) **Mail**
   a Cartero
   b Sobre
   c Correo
   d Carta

8) **Old**
   a Joven
   b Viejo
   c Edad
   d Maduro

9) **Same**
   a Igual
   b Similar
   c Parecido
   d Familiar

10) **Understand**
   a Debajo
   b Significar
   c No aguantar
   d Entender

Respuestas en la **pág. 270**

AUTOTEST para Palabras Clave 101 a 200

Marque en cada caso el significado más adecuado

1) **About**
   a Interés
   b Lejano
   c Próximo
   d Acerca de

2) **Before**
   a Antes
   b Después
   c Ahora
   d Arriba

3) **Between**
   a Detrás
   b Delante
   c Entre
   d Frente

4) **Collect**
   a Recolectar
   b Cobrar
   c Coleccionar
   d Pagar

5) **Customer**
   a Agente
   b Proveedor
   c Cliente
   d Obligado

6) **Enough**
   a Suficiente
   b Insuficiente
   c Demasiado
   d Poco

7) **Go out**
   a Entregar
   b Acompañar
   c Entrar
   d Salir

8) **Mean**
   a Significar
   b Ayudar
   c Motivar
   d Estimular

9) **Send**
   a Recibir
   b Enviar
   c Entregar
   d Aportar

10) **Something**
   a Alguien
   b Alguno
   c Algo
   d Algún día

Respuestas en la **pág. 270**

Marque en cada caso el significado más adecuado

1) **Afternoon**
 a Mañana
 b Tarde
 c Noche
 d Ayer

2) **Apply**
 a Recibirse
 b Postularse
 c Obtener
 d Lograr

3) **Attorney**
 a Torno
 b Atornillar
 c Atender
 d Abogado

4) **Building**
 a Edificio
 b Bloque
 c Departamento
 d Cuadra

5) **Come from**
 a Venir de
 b Ir hacia
 c Venir hacia
 d Volver

6) **Dial**
 a Jabón
 b Día
 c Discar
 d Dar

7) **Insurance**
 a Seguro
 b Seguramente
 c Insatisfecho
 d Intentar

8) **Often**
 a Oír
 b A menudo
 c Pocas veces
 d Diez

9) **Prepaid**
 a Barata
 b Gratis
 c Medicina
 d Prepaga

10) **Purchase**
 a Bolso
 b Comprar
 c Vender
 d Purgar

Respuestas en la **pág. 270**

Marque en cada caso el significado más adecuado

1) **Able**
   a Amable
   b Capaz
   c Hablar
   d Oír

2) **Ask for**
   a Pedir
   b Preguntar
   c Responder
   d Salir

3) **Care**
   a Auto
   b Cuidado
   c Farmacia
   d Maltratar

4) **Citizen**
   a Residente
   b Ciudadano
   c Americano
   d Reloj

5) **Discussion**
   a Pelea
   b Discusión
   c Conversación
   d Trifulca

6) **Listen**
   a Listar
   b Escuchar
   c Igualar
   d Oler

7) **Requirement**
   a Requisito
   b Reaparecer
   c Resabiado
   d Recepción

8) **Slow down**
   a Acelerar
   b Reducir velocidad
   c Detenerse
   d Huir de

9) **Sometimes**
   a Alguien
   b Alguno
   c A veces
   d Siempre

10) **Worry**
   a Preocuparse
   b Desentenderse
   c Despreocuparse
   d Correr

Respuestas en la **pág. 270**

AUTOTEST para Palabras Clave 401 a 500

Marque en cada caso el significado más adecuado

1) **Actually**
   a Actualmente
   b Ahora
   c En realidad
   d En breve

6) **Foreign**
   a Latinoamericano
   b Extranjero
   c Americano
   d Extraño

2) **Bakery**
   a Panadería
   b Carnicería
   c Pescadería
   d Frutería

7) **Kitchen**
   a Gatos
   b Cocina
   c Animales
   d Baño

3) **Ceiling**
   a Cielo
   b Techo
   c Suelo
   d Piso

8) **Post office**
   a Oficina de postas
   b Oficina de correos
   c Oficina de carros
   d Oficina de ventas

4) **Counter**
   a Contra
   b Mostrar
   c Mostrador
   d Contener

9) **Smell**
   a Oler
   b Escuchar
   c Hablar
   d Decir

5) **Engine**
   a Ingenio
   b Motor
   c Ingeniero
   d Máquina

10) **Usually**
   a Usuario
   b Usado
   c Usualmente
   d Usual

Respuestas en la **pág. 270**

AUTOTEST para Palabras Clave 501 a 600

Marque en cada caso el significado más adecuado

1) **Argument**
   a Derecho
   b Discusión
   c Justificación
   d Presentación

6) **Grandfather**
   a Tío
   b Abuelo
   c Padre grande
   d Bisabuelo

2) **Beautiful**
   a Linda
   b Fea
   c Atractiva
   d Graciosa

7) **Husband**
   a Esposa
   b Esposo
   c Matrimonio
   d Boda

3) **Car dealer**
   a Taller de autos
   b Vendedor de autos
   c Cuidador de autos
   d Parqueador de autos

8) **Nurse**
   a Cuidadora de niños
   b Azafata
   c Enfermera
   d Doctora

4) **Daughter**
   a Hija
   b Sobrina
   c Hermana
   d Prima

9) **Parents**
   a Parientes
   b Hermanos
   c Cuñados
   d Padres

5) **Furniture**
   a Cocinas
   b Camas
   c Muebles
   d Sofás

10) **Son**
   a Hijo
   b Sol
   c Hija
   d Música

Respuestas en la **pág. 270**

https://iam.inglesen100dias.com/

AUTOTEST para Palabras Clave 601 a 700

Marque en cada caso el significado más adecuado

1) Advice
- a Avisar
- b Atender
- c Comercial TV
- d Consejo

2) Basement
- a Sótano
- b Ático
- c Estadio
- d Base

3) Buddy
- a Cuerpo chico
- b Cuerpo grande
- c Amigo
- d Vecino

4) Down Payment
- a Pago final
- b Pago completo
- c Anticipo
- d Última cuota

5) Everything
- a Nada
- b Todo
- c Algunas cosas
- d Muchas cosas

6) Installment
- a Instalación
- b Instalador
- c Escalera
- d Cuota

7) Prescription
- a Receta
- b Prescripción
- c Fecha límite
- d Caducidad

8) Shipment
- a Barco
- b Navegante
- c Envío
- d Marinero

9) These
- a Estos
- b Esos
- c Aquellos
- d Algunos

10) Withdraw
- a Retirar dinero
- b Depositar dinero
- c Guardar dinero
- d Ahorrar dinero

Respuestas en la **pág. 270**

Marque en cada opción el significado más adecuado

1) Bread
a Manteca
b Pan
c Harina
d Trigo

2) Couch
a Entrenador
b Bus
c Coche
d Sofá

3) Dessert
a Vacío
b Desierto
c Nadie
d Postre

4) Fork
a Tenedor
b Cuchillo
c Cuchara
d Cubiertos

5) Groceries
a Groserías
b Vulgaridades
c Víveres
d Cosas grandes

6) Homemade
a Casero
b Constructor de casas
c Hogar
d Casa

7) Lane
a Rubio
b Lacio
c Carril
d Vía de tren

8) On sale
a En venta
b En la sala
c Salida
d Salado

9) Refund
a Pago
b Contra entrega
c Volver a fundir
d Reembolso

10) Toll
a Alto
b Bajo
c Peaje
d Autopista

Respuestas en la **pág. 270**

AUTOTEST para Palabras Clave 801 a 900

Marque en cada opción el significado más adecuado	
1) Arm a Arma b Pistola c Brazo d Mano	**6) Homesick** a Enfermo b Nostálgico c Casa principal d Enfermo en casa
2) Dust a Pato b Patio c Conducto d Polvo	**7) Married** a Cansado b Esposado c Casado d Matrimonio
3) Feeling a Relleno b Llenar c Dolor d Sentimiento	**8) Proud** a Orgulloso b Feliz c Satisfecho d Encantado
4) Flu a Mosca b Catarro c Resfrío d Gripe	**9) Sensible** a Sensible b Suave c Sensato d Delicado
5) Health a Salud b Riqueza c Abundancia d Hospital	**10) Upset** a Disgustado b Vuelta abajo c Volver d Subir
Respuestas en la **pág. 270**	

Marque en cada caso el significado más adecuado

1) **Envelope**
   a Envolver
   b Encima
   c Sobre
   d Abajo

2) **Guest**
   a Invitado
   b Adivinar
   c Guardado
   d Abandonado

3) **Homework**
   a Trabajo doméstico
   b Tarea del estudiante
   c Oficina
   d Estudio

4) **Knife**
   a Cuchillo
   b Cuchara
   c Cubiertos
   d Tenedor

5) **Letter**
   a Permitir
   b Dejar hacer
   c Correo
   d Carta

6) **Movie**
   a Móvil
   b Película
   c Serie de TV
   d Celular

7) **Ounce**
   a Una vez sólo
   b Once
   c Onza
   d Peso

8) **Pretty**
   a Fea
   b Bella
   c Atractiva
   d Rubia

9) **Scale**
   a Escalera
   b Escalera automática
   c Balanza
   d Regla

10) **Size**
   a Gorda
   b Delgada
   c Talle
   d Talla

Respuestas en la **pág. 270**

RESPUESTAS DE
LOS TEST DE
VOCABULARIO

RESPUESTAS DE LOS TEST DE VOCABULARIO

Grupo 1 al 100

1) c   2) b   3) d   4) b   5) a   6) b   7) c   8) b   9) a   10) d

Grupo 101 al 200

1) d   2) a   3) c   4) b   5) c   6) a   7) d   8) a   9) b   10) c

Grupo 201 al 300

1) b   2) b   3) d   4) a   5) a   6) c   7) a   8) b   9) d   10) b

Grupo 301 al 400

1) b   2) a   3) b   4) b   5) c   6) b   7) a   8) b   9) c   10) a

Grupo 401 al 500

1) c   2) a   3) b   4) c   5) b   6) b   7) b   8) b   9) a   10) c

Grupo 501 al 600

1) b   2) a   3) b   4) a   5) c   6) b   7) b   8) c   9) d   10) a

Grupo 601 al 700

1) d   2) a   3) c   4) c   5) b   6) d   7) a   8) c   9) a   10) a

Grupo 701 al 800

1) b   2) d   3) d   4) a   5) c   6) a   7) c   8) a   9) d   10) c

Grupo 801 al 900

1) c   2) d   3) d   4) d   5) a   6) b   7) c   8) a   9) c   10) a

Grupo 901 al 1000

1) c   2) a   3) b   4) a   5) d   6) b   7) c   8) b   9) c   10) d